FIVE HUNDRED QUESTIONS OF CHINESE CITIZEN ORGAN DONATION

中国公民器官捐献500问

主编单位 中山大学附属第一医院器官移植中心

名誉主编 赵丽珍

主　　编 何晓顺　焦兴元

副 主 编 朱晓峰

廣東省出版集團

广 东 科 技 出 版 社

·广　州·

图书在版编目（CIP）数据

中国公民器官捐献500问/何晓顺，焦兴元主编．—广州：广东科技出版社，2013.1
ISBN 978-7-5359-5246-2

Ⅰ．①中…　Ⅱ．①何…②焦…　Ⅲ．①人体器官—移植术（医学）—法规—中国—问答　Ⅳ．①D922.165

中国版本图书馆CIP数据核字（2012）第288556号

责任编辑：周良　曾冲
封面设计：林少娟
责任校对：黄慧怡
责任印制：何小红
出版发行：广东科技出版社
（广州市环市东路水荫路11号　邮政编码：510075）
http：//www.gdstp.com.cn
E-mail：gdkjyxb@gdstp.com.cn（营销中心）
E-mail：gdkjzbb@gdstp.com.cn（总编办）
经　　销：广东新华发行集团股份有限公司
排　　版：广东科电有限公司
印　　刷：广州市至元印刷有限公司
（广州市番禺区南村镇金科生态园4号楼　邮政编码：511442）
规　　格：889mm × 1 194mm　1/32　印张5.75　字数130千
版　　次：2013年1月第1版
2013年1月第1次印刷
定　　价：28.00元

《中国公民器官捐献500问》编委会

主编单位 中山大学附属第一医院器官移植中心
名誉主编 赵丽珍
主　　编 何晓顺　焦兴元
副 主 编 朱晓峰
编　　者 （以姓氏笔画为序）

马　毅　王小平　王长希　王东平
王国栋　朱晓峰　张　鹏　杨春华
邰　强　陈　岗　陈立中　陈雪霞
巫林伟　郑三女　胡安斌　莫利求
袁小鹏　郭志勇　高燕娜　焦兴元
韩　明　廖　苑　鞠卫强

前　言

器官移植是目前治疗大多数重要器官（肝、心和肺）末期衰竭最为成熟的可用手段。随着现代器官保存技术和免疫抑制技术的进步，如今已有相当比例的患者有望在术后高质量地长期生存。同目前接受移植的患者数量相比，有更多的人本可以从器官移植中受益，但是世界范围的脏器极度短缺已经成为制约器官移植发展的主要问题。我国每年有30多万患者死于各种终末期肝病，有100万的肾功能衰竭患者在透析，共约有150万患者需要器官移植，但是严重的器官短缺导致仅有1万人接受器官移植，器官需求数量与供体数量的比例高达150：1，绝大多数患者因器官供体的严重匮乏，在等待供体的过程中离开人世。广东省现时有3 000多名患者等候适合的器官进行移植手术，以延续他们的生命。在中山大学附属第一医院器官移植中心，现时2 000多名患者及其家属焦急地苦苦等待供体，患者每一天都忍受着与死神搏斗的煎熬。

科学有效的器官移植体系是器官移植事业发展的基石和关键，是破解器官短缺难题、提高移植质量和促进器官法制化、规范化的重要举措。目前，在充分借鉴国际器官捐献体系的经验基础上，综合考虑我国国情，卫生部委托中国红十字会总会根据《人体器官移植条例》的有关规定，于2010年1月28日专门签署中国人体器官捐献试点工作协议。中山大学附属第一医院是卫生部试点地区的器官移植定点医院之一，中山大学附属第一医院器官移植中心专门成立器官捐赠办公室，专门负责市民器官捐献。2010年1月试点起到现在，中山大学附属第一医院器官移植中心已经成功开展无心跳器官捐献供体54例，分别进行了肝移植、肾移植和角膜移植，该中心无心搏器官捐献供体数量在全国各大移植中心中排列第一位。这项工作的重大意义在于，为我国科学有效的器官移植体系的建立提供了第一手资料，对我国移植界如何进一步良性发展指明了方向，即器官移植捐献是破解器官短缺难题的根本方法。

器官捐献分为以下3类：脑死亡器官捐献（donation after brain death，DBD）指公民在确认脑死亡后进行的器官捐献；心脏死亡捐献（donation after cardiac death，DCD）指公民在心脏死亡后进行的器官捐献，以往也称无心跳器官捐献；活体器官捐献（living organ donation，LOD）指在不影响器官捐献者生命安全和不造成其健康损害的前提下，由健康的成人个体自愿提供生理和技术上可以切取的部分器官移植给他人。1992年我国学者开始倡议在中国推行脑死亡概念，2003年中华医学会发表了《中国脑死亡诊断标准》。但是，由于传统观念以及宗教信仰的影响，“心搏停止即死亡”观念的根深蒂固，公众对脑死亡理念的接受程度不高，医疗机构对患者做出的脑死亡判定及随后进行的器官捐献与移植，并不被社会广泛认可，以至于经过10年的努力，我国脑死亡器官捐献累计仅108例。《中国统计年鉴2010》的统计数据显示，2010年我国全年死亡人口约864万，死亡率6.92%，其中心血管疾病（17.4%）、脑血管病（18.6%）、损伤和中毒（7.2%）占死亡人数的43.2%，但是上述尸体器官捐献数量较西方发达国家少之又少。实际上，随着我国公民的文化水平提高和社会责任感增强，普通居民遗体捐献意识逐年增强，2004年及2005年武汉和广州地区普通居民遗体捐献的意愿调查发现，33.2%～35.35%赞成遗体捐献，17.3%～22.98%反对，41.67%～48.5%不确定；在赞成和不确定的市民中，37.7%愿意捐献整个遗体，62.3%愿意捐献部分器官。2006年广州大学生器官捐献意愿的调查显示，61.2%赞成器官捐献，8.5%反对，30.3%不确定。2008年3月四川内江和江苏无锡在校大学生的调查发现，91.4%认同尸体器官捐献，53.3%认同活体器官捐献。2010年广州大学生器官捐献意愿的调查显示，76.2%赞成器官捐献，4.5%反对，19.3%不确定。上述数据表明，我国居民赞成器官捐献的比率逐年增高。

就国内目前的社会现状和法律与伦理环境来说，心脏死亡器官捐献更易于得到社会的认同和推广。中山大学附属第一医院器官移植中心器官移植总量居全国前3位，每年肝移植120～150例，肾移植150～200例，在国际上最早开展心脏死亡捐献肝移植，是国内开展国际心脏死亡捐献肝移植/肾移植最多的中心之一，当该中心面对2 000多名患者及其家属焦急地苦苦等待供体时，当这些患者每一天忍受着与死神搏斗的煎熬时，呼吁市民肩负起公民责任和责无旁贷的义务捐献出亲属的死亡器官，自己的亲属因不幸失去生命，但是当看到新的生命因得到救助获得新生时，这是生命的延续和升华。

受广东科技出版社之托，中山大学附属第一医院器官移植中心组织本中心专家专门编写了《中国公民器官捐献500问》一书，旨在普及中国公民器官捐献科学知识和推广公民心脏死亡器官捐献。由于公民器官捐献在我国刚刚起步，加之编著者对这一领域的理论水平和临床实践水平均有限，其中难免存在许多缺点，深望读者不吝惠赐批评。

本书编写过程中始终得到卫生部、中国红十字会总会、广东省红十字会以及深圳市红十字会各级领导的热情指导和帮助，组稿之初得到深圳市红十字会赵丽珍会长的指导和广东科技出版社的热情帮助，在此，我们以真挚的心情，向所有参加本书编写的同道，向给予编写工作大力支持的各级领导和出版社同仁表示衷心的感谢。

何晓顺　焦兴元

2012年11月

目　录

1. 什么是遗体器官捐献

器官捐献就是当一个人不幸去世时，根据本人或其亲属的意愿，将其功能良好的器官，以无偿的方式，捐献给器官功能衰竭急需器官移植的患者，让他们能够延续生命，改善未来生活质量，并且能继续贡献社会。目前中国红十字会开展的人体器官捐献试点工作是指面向社会公众在其身故后自愿的器官捐献，不涉及活体器官捐献。

2. 什么是活体器官捐献

活体器官捐献是一个健康的成年人，愿意在不影响自身的健康及生理功能的原则下，捐出自己的一部分器官或组织，将其提供给亲属或配偶作为器官移植。

3. 器官捐献的原则是什么

器官捐献遵循两大原则，即自愿和无偿的原则。

4. 器官捐献的过程是什么

公民可以通过书面向省级人体器官捐献办公室自愿申请人体器官登记，或者由人体器官捐献协调员在医疗机构中发现潜在捐献者，如果潜在人体器官捐献者或其配偶、成年子女、父母有捐献意愿，则由协调员帮助完成捐献手续，公证相关资料，并报送省级人体器官捐献办公室，经省级人体器官捐献办公室确认，将捐献者相关资料录入中国人体器官捐献者登记管理系统。

当完成登记的捐献者在临床上达到待捐状态时，由捐献者所在的医院进行医学检查，所在医院协调员将捐献者的相关信息报送省级人体器官捐献办公室，由省级人体器官捐献办公室通知省级人体器官获取组织进行人体器官获取。

5. 器官捐献者需要具备什么样的基本条件

（1）捐献者身份明确。以下情况一般不予考虑：在被拘捕或羁留于政府部门期间死亡、在精神病院内发生的死亡个案、中毒导致死亡、与医院有医疗纠纷、死亡原因需要公安司法部门进一步调查等。

（2）年龄一般不超过65岁。

（3）无HIV感染。

（4）无药物滥用、无静脉注射毒品、无同性恋/双性恋等高危活动史。

（5）无恶性肿瘤病史。但部分中枢神经系统肿瘤和一些早期的恶性肿瘤在经过成功的治疗后可以考虑。

（6）无活动性、未经治疗的全身性细菌、病毒或者真菌感染。

（7）血流动力学和氧合状态相对稳定。

（8）捐献器官功能基本正常。

6. 器官捐献有哪些方式

包括两种方式：①有完全民事行为能力的公民通过书面自愿申请器官捐献登记，并且没有撤销该登记，待其身故后进行器官捐献；②公民生前未表示不同意捐献人体器官，待其身故后，其配偶、成年子女、父母以书面形式共同表示同意的器官捐献。

7. 年轻人也需考虑器官捐献吗

合适的器官捐献者大部分是意外或突发疾病的去世者。如果死者生前没有以书面方式表达捐献器官的意愿，也没有向家人表明捐献意愿的话，去世后很难实现捐献器官的意愿，所以就算是年轻人，也可考虑捐献器官。

8. 听说器官移植尚在实验阶段，捐献的器官会被浪费吗

器官移植医疗技术在我国已经很成熟，并早已在临床应用。器官移植技术被公认是治疗器官衰竭的有效方法。器官移植给予患者重生及改善生活质量的机会，而且成功率非常高，例如肾脏

移植，接受移植的患者一年的存活率在90%以上。

9. 因器官捐献而产生的费用需要由家属承担吗

凡捐献者去世后因器官捐献而产生的费用，均无须家属负担。

10. 只愿意捐献某一种器官，其他器官会被摘取吗

愿意捐献器官的人，可在器官捐献登记表上表明自愿捐出的器官种类。此外，在捐献手术进行前，死者家属需签署一份知情同意书，并再次明确捐献的器官或组织，医生会严格按照捐献者意愿摘取器官。

11. 某些器官被切除后，是否会致遗体遗容受损，影响丧葬仪式中的遗容

器官摘取时将采取严格的外科手术标准，如同在医院接受任何的外科手术一样，手术后医师会仔细缝合并且维护外观。整个过程中，医护人员绝对尊重遗体遗容，并且最后恢复遗体原貌。

12. 若签了器官捐献登记表，一旦遇上意外，医护人员是否会放弃救护

拯救生命是每一位医护人员的天职。器官捐献只有等所有抢救措施都失败，医护人员与病患家属开始讨论死亡时，才会被提出，所以曾经表达过器官捐献的意愿绝对不会影响到应有的救死扶伤的医疗宗旨和服务。只有患者被医生证实死亡后，才会考虑是否适合捐献器官。

13. 是否可以指定捐献给某位特定人员

器官捐献是大爱的表现，每一个生命都是宝贵的。移植时需

要考虑诸多因素，如组织抗原基因（HLA）的类型及血型等，且器官来源取得不易，谁最适合，应由移植专家小组和专业人员来决定。

14. 器官接受者或其家属是否会到捐献者家中进行致谢或慰问，导致死者家属更加伤心难过

基于尊重器官捐献者和接受者的隐私权，捐献者和接受者的基本信息都会严格保密，医护人员不会透露双方姓名或个人资料，以避免当事人不必要的困扰。如果捐献者和接受者双方需要，相关工作人员会告知捐献者家属有关器官接受者移植手术后的进展，并且可担任“捐”和“受”双方的联系人，传递关怀。除非家属同意，我们不会将该项捐献的消息主动发布给新闻媒体。

15. 捐献完成后遗体如何处理

器官捐献者完成捐献后的遗体，由医院进行符合伦理原则的医学处理，恢复遗体原貌，对于有遗体捐献意愿的捐献者，由省级人体器官捐献办公室联系接收站接收，对于没有遗体捐献意愿的捐献者或不符合接收条件的捐献者，由省级人体器官捐献办公室移交其家属并协助处理善后事宜。

16. 器官捐赠与遗体捐赠有何不同

器官捐赠：是指生前或死后仅将功能完整器官移植给血型及组织配对相符的器官衰竭病患，以供临床救治患者，如角膜移植使患者复明，肾移植挽救肾功能衰竭患者的生命。

遗体捐赠：是指生前留有遗愿或在接收站登记并经公证后，死后由执行人协助将遗体无偿捐献给医学院校的高尚行为。捐献的遗体主要用于医学教育和科研，不能作为器官移植使用。

它们主要有两个不同：一是用途不同，捐献的遗体是用于医学教学和科学研究；捐献的器官是用于临床移植。二是时间要求

不同，遗体捐献可以在捐献者死亡后8 h内实施；器官捐献在时间要求上更加严格，应当在捐献者死亡后立即实施，这样才能保证器官质量，从而最大限度地保证移植效果。

17. 植物人可以捐赠器官吗

不可以。植物人是因脑部病变或其他系统的疾病合并脑病变，导致大脑功能丧失。此类患者没有思考、记忆、认知、行为或语言能力，但可以有脸部动作，且脑干功能正常，可维持自发性呼吸、心搏，所以不能捐赠器官。

18. 为何坚持捐献、受捐双方不见面原则

基于尊重器官捐献者和接受者的隐私权，捐献者和接受者的基本信息都会严格保密。医护人员不会透露双方姓名或个人资料，以避免当事人不必要的困扰。如果捐献者和接受者双方需要，相关工作人员会告知捐献者家属有关器官接受者移植手术后的进展，并且可担任“捐”和“受”双方的联系人，传递关怀。

19. 有哪些网站可以了解关于心脏死亡器官捐献移植的相关信息

中国红十字会：http：//www.redcross.org.cn/

中国器官移植网：http：//www.transplant-china.com/

中国器官捐献网：http：//www.organdonation.org.cn/

20. 广州有无人体器官捐献点

广东省是国家首批人体器官捐献试点。广州市内的中山大学附属第一医院是人体器官捐献点之一。

21. 捐献的具体流程有哪些

捐献的具体流程有7个：捐献登记、确认捐献、器官获取、器官分配、遗体处理、缅怀纪念和困难救助。

第一，由志愿者持本人身份证到红十字会填写器官捐献自愿书，并指定捐献执行人。

第二，当捐献志愿者生命垂危达到待捐状态后填写器官捐献登记表确认捐献。

第三，捐献者经所在医院确认死亡后，由器官捐献办公室通知器官获取组织获取器官。

第四，器官捐献办公室根据器官分配与共享原则对捐献器官进行分配。

第五，器官捐献者完成捐献后的遗体，由医院进行符合伦理原则的医学处理，恢复遗体原貌并协助家属处理善后事宜。

第六，器官捐献办公室建立纪念碑、纪念网站等供亲属缅怀和纪念捐献者，弘扬奉献精神。

第七，对家庭贫困的捐献者家属按有关规定进行困难救助。

22. 如果已经填写了器官捐献自愿书，表示愿意捐献器官，那是否可以随时放弃

器官捐献是一个自愿行为，不管是本人还是家属都可以随时放弃。

23. 如果自己同意死后捐献器官，而家属不同意，会不会影响捐献

个人有意愿捐献器官，可以到当地红十字会填写“中国人体器官捐献自愿书”。这只是表达个人的一个意愿，虽然不需要家属同意、签字，但瞒着家属填写也不可取。因为，到最后捐献的时刻，必须要有配偶、父母、成年子女共同在“中国人体器官捐献登记表”上签字、按手印，缺一不可。

24. 人身体上哪些器官可以捐献

可以捐献两个肾脏、一个肝脏、一颗心、两叶肺、一个胰腺等器官，还可捐献一对角膜。

25. 有没有明星或公众人物愿意死后捐献自己的器官

作为公众形象，他们承担更多的社会责任。这其中，愿意离世后捐献自己器官的除了老一辈艺术家——已经去世的“婆婆”柏寒，也有演艺界的中坚力量张东健、温兆伦、张卫健，还有年青一代的演员林依晨。而近期（2012年6月），伊能静也公开证明自己刚签了器官捐献书，等到去世后，愿意将自己身体上的所有器官捐献出去，并表示这是一个对未来生命传承的展望。

26. 我国现在器官捐献与器官移植的情况如何

来自卫生部的统计数据显示，我国每年等待器官移植的患者超过150万人，但其中只有1万人能够幸运地得到供体，其余99%的患者只能在等待中离开人世，所以鼓励大家自愿无偿捐献器官，拯救他人，让等待器官移植的患者能够延续生命，改善未来生活质量，并且能继续贡献社会。

27. 同意器官捐献的个人，临近死亡到摘取器官时，有哪些常见的导致捐献不成功的情况

患者有捐献意愿后，如果家属不反对，应该在符合临床标准后尽快实施捐献。但若患者达到了临床脑死亡状态，进一步的抢救或治疗是没有任何价值的，只是白白地浪费钱财而已。同时，若有捐献器官的打算，拖的时间越长，捐献的成功率就越低。需要持续呼吸机辅助呼吸的患者，无论是经气管插管还是气管切开，都丧失了正常呼吸道对外界病菌的防御作用，因此，在几天之内就可能出现肺部感染。加之患者丧失自主排痰能力，因此局限的肺部感染很容易扩散成全身性的感染。此时，若感染得不到有效控制，患者将丧失器官捐献的机会。

28. 宗教信仰会不会影响器官捐献

绝大部分的宗教都鼓励分享和布施。实际上，无论是佛教、

道教、基督教等都认同器官捐献的精神，并赞颂为造福众生，功德无量之举。

29. 听说国内将来申领驾照时需登记器官捐赠意愿，是吗

器官捐赠是检验一个社会文明程度的标志。卫生部副部长黄洁夫2011年接受记者采访时表示，大陆有望年内实现申领驾照时进行器官捐献意愿登记。届时，居民在申领驾照时将对万一遇到车祸等意外情况死亡后，是否愿意捐献自己的器官以及捐献何种器官作出选择。黄洁夫表示，人体器官捐献者登记系统完善后，在申领驾照时，每个人根据自己的意愿，可以选择捐或不捐，以及捐献何种器官。每个人都有选择权。这是人权问题，不存在不愿意就是不光荣这类问题。有专家认为，与器官严重短缺同时并存的，是意外事故死亡者因缺乏科学的器官捐献体系造成的器官资源大量浪费。

30. 国外有没有申领驾照时登记器官捐赠意愿的情况

与驾照捆绑其实是与国际接轨。在一些发达国家，领驾照签署器官捐献，已经形成了制度化，比如在美国，驾照同时还是器官捐献卡，驾照的正面是开车人的姓名、性别、身高、出生日期以及住址等信息，背面则是一份器官捐献同意书——如果发生死亡，本人将捐出遗体（器官）。在法国，只要车祸死亡者没有特别声明，都视为同意捐献器官。

31. 如何面对并处理“等待奇迹”和“遗爱人间”的挣扎

有时我们必须接受一些不能改变的事实。当专业医师宣布脑死亡时，就已经没有生还希望了，必须接受并面对家人死亡的事实。从希望到失望，会造成很大的情绪伤害，接受事实反而有助

于疗伤，允许情绪与伤痛早日恢复。当心爱的家人能以另外一种形式活在人世间，是一种很大的安慰与鼓励。

32. 现在生活在外地，请问如果要去红十字会捐献器官需要回到户籍原住地吗

向当地的红十字会申请就可以了。具体捐赠事宜，可联系当地红十字会。

33. 器官捐献可以有偿吗

不可以。器官移植捐献必须遵守两个基本原则，即无偿和自愿。器官捐献作为一种公民自愿履行的善行，只许捐赠，不可买卖。

34. 捐赠器官有无补偿机制

卫生部副部长黄洁夫表示，将制定在器官捐献之前、期间和之后对捐献者及其家人提供人文关怀和照顾的相应措施。这其中将包括救助补偿政策，器官捐献者有望获得物质补偿。器官捐献移植涉及必要的经费需求，因此，要考虑捐献者在医院治疗期间的医疗费用负担和捐赠者家庭的困难。黄洁夫表示，将考虑采取经济补偿政策。比如减免器官捐献者及其家人的住院医疗费用、减免器官捐献者的殓葬费用等。此外，经济补偿的方式还可以考虑捐赠者家庭的医疗保险、学费优惠、减少纳税等。

35. 想捐献器官，该到哪里

可联系当地红十字会。

36. 国家器官捐献和移植体系由哪几个部分组成

国家器官捐献和移植体系可以大致分为5个部分：国家器官移植管理体系、人体器官捐献者登记系统、人体器官捐献和分配网络体系、器官移植临床服务体系、人体器官移植科学登记

系统。

37. 我国器官移植技术如何？技术如果成熟，为何还是很多人不能获得有效的器官移植

中国在器官移植技术领域已达到国际先进水平，但有关器官捐献的法律法规还不完善，人们的器官捐献意识不强，这在一定程度上制约了器官移植临床救治工作和移植医学的发展。拯救生命，捐献光荣。还希望广大市民能了解并参与器官的捐献。

38. 器官捐献在什么时候进行

我们所说的器官捐献，都是要在捐献者死亡后进行。很多人会争议脑死亡还是心脏死亡，实际上，科学实践证明脑死亡或心脏死亡都是死亡，目前尚未有脑死亡后患者再恢复的报道。至于我国法律，并没有规定判断患者死亡是脑死亡还是心脏停搏作为标准，法律的判定依据以绝大多数公民的认可为标准。

39. 在哪里办理死后器官捐献的登记

县级以上红十字会是器官捐献的登记机构。

40. 我国有无关于人体器官移植捐献的法律法规

有。中华人民共和国国务院令第491号，《人体器官移植条例》已于2007年3月21日国务院第171次常务会议通过，并自2007年5月1日起施行。

41. 器官移植的监督管理由哪个部门负责

国务院卫生主管部门负责全国人体器官移植的监督管理工作。县级以上地方人民政府卫生主管部门负责本行政区域人体器官移植的监督管理工作。各级红十字会依法参与人体器官捐献的

宣传等工作。

42. 无民事行为能力的公民能否捐献器官

《人体器官移植条例》规定：捐献人体器官的公民应当具有完全民事行为能力。公民捐献其人体器官应当有书面形式的捐献意愿，对已经表示捐献其人体器官的意愿，有权予以撤销。

43. 死后捐献器官私下可否有金钱交易

不可以。中华人民共和国《人体器官移植条例》第二条规定：任何组织或者个人不得以任何形式买卖人体器官，不得从事与买卖人体器官有关的活动。器官的捐赠只要有金钱的参与就是买卖，是法律明令禁止的，是犯法的，建议通过正规渠道去联系器官或者捐赠，并遵循无偿和自愿的原则。

44. 若生前未表示愿意捐献器官，死后其家属可否做主捐献他的器官

公民生前未表示不同意捐献其人体器官的，该公民死亡后，其配偶、成年子女、父母可以以书面形式共同表示同意捐献该公民人体器官的意愿。

45. 人体器官移植技术临床应用与伦理委员会在收到摘取人体器官审查申请后，应对哪些事项进行审查

（1）人体器官捐献人的捐献意愿是否真实。

（2）有无买卖或者变相买卖人体器官的情形。

（3）人体器官的配型和接受人的适应证是否符合伦理原则和人体器官移植技术管理规范。

经2/3以上委员同意，人体器官移植技术临床应用与伦理委员会方可出具同意摘取人体器官的书面意见。

46. 国内外器官移植现状

从全世界范围看，器官移植手术数量逐年增加。2006年美国共进行了29 000例实体器官移植；中国开展了11 000例实体器官移植。2007年，欧洲共进行5 531例原位肝移植，美国进行了6 489例原位肝移植，中国实施了1 469例肝移植。在欧洲，截至2010年，共进行了超过80 000例原位肝移植术。

47. 最影响器官移植进展的原因

器官移植在取得巨大进步的同时，器官短缺已成为制约全球器官移植发展的主要障碍。以美国为例，2006年美国共进行了29 000例实体器官移植，但截至2007年6月，全美登记等待器官移植的患者约有97 000人，供体器官远远不能满足移植手术的需要。2007年，美国施行肝移植术6 489例，移植比率为21.62/100万；中国施行肝移植术1 469例，移植比率仅为1.12/100万。现在我国每年有约100万终末期肾病患者、约30万终末期肝病患者急需器官移植以挽救生命。在美国，器官需求数量与供给器官数量的比例为5∶1，在中国则为150∶1。

48. 我国心脏死亡器官捐献（DCD）发展现状如何

很长时间内，我国器官移植的供体主要来源于死刑犯的捐献，使我国的器官移植事业长期不能得到国际承认。2005年我国政府在洛杉矶世界肝移植大会上坦诚我国90%移植供体来源于死刑犯捐献，并承诺将不断规范我国移植管理，逐步融入国际移植大家庭。中国国务院于2007年5月1日颁布了《人体器官移植条例》，规定任何组织或个人不得以任何形式买卖人体器官。2009年12月30日下发了《卫生部关于规范活体器官移植的若干规定》，严格规范了活体器官移植的细节。我国政府一直致力于将器官移植向国际化、正规化、合法化、公开化发展而努力。2009年8月，中国红十字会总会和卫生部在上海联合召开的全国人体器官捐献工作会议，联合宣布启动建立人体器官捐献体系。2010年7月，《中国心脏死亡器官捐献工作指南》在《中华器官移植杂志》上发表。

49．如何促进器官移植的健康发展

鉴于目前我国器官移植的现状，一方面要对公众进行广泛的宣传教育工作，帮助人们摒弃旧的传统观念，鼓励人们树立新的死亡判定标准和生死伦理观；另一方面要制定有关政策和法规，使器官移植合法化、规范化，以法律手段解决我国器官移植中存在的一系列问题，由此推动器官移植技术的长远发展。

50．经常听人说DCD，那么什么是DCD

DCD，donation after cardiac death，也就是常说的心脏死亡器官捐献，是指公民在心脏死亡后进行的器官捐献，以往也称无心搏器官捐献（non heart beating donation，NHBD）。

51．如果有人心脏死亡后想捐献角膜，可否依据《中国心脏死亡器官捐献指南》操作

不可以。因为该指南不适用于皮肤、角膜等组织捐献。

52．《中国心脏死亡器官捐献指南》能不能代替医生的临床判断

不能。该指南不应代替医生的临床判断，并且在实施的过程中，可在法律法规允许的范围内适当调整。

53．全国有哪些地区是器官捐献试点

天津、辽宁、上海、江苏、浙江、福建、江西、山东、湖北、广东、湖南、内蒙古自治区、吉林、广西壮族自治区、河南、陕西。这些地区的器官捐献者可与当地红十字会联系和沟通相关捐献事宜。

54. 江苏省无锡市民想捐献器官，得去到南京吗

2010年中国红十字会总会与卫生部规定的首批试点中在江苏省只有南京在范围内，但2011年中国红十字会总会与卫生部已批复同意江苏、福建、湖北分别由之前各自的南京、厦门、武汉扩展到全省范围开展人体器官捐献试点工作。具体工作进度或者相关规定可联系无锡市红十字会或者江苏省红十字会。

55. 器官捐献移植中应遵循的伦理原则是什么

（1）知情同意的原则：应与供者和受者双方或其亲属或法定代理人充分讨论器官移植的程序，客观地说明已知的危险和可能发生的危害，让患者对器官移植有充分的理解，并尊重患者自主作出的决定。

（2）保护供、受体双方利益的原则：器官移植要充分考虑供体和受体的利益，尽最大努力将损伤降到最低限度，将风险减少到最低限度。同时要严格选择受体，使其受移植后必须“利大于弊”。

（3）公平的原则：在器官有限的情况下，如何公平、公正地分配这些器官，确定谁有获得有限器官的优先权。应制定相应的医学和社会标准来分配器官，并建立伦理委员会来作出分配的决定。

（4）保密的原则：在器官移植手术中，必须保守受者与供者双方个人的秘密。

（5）严禁器官买卖或变相买卖：禁止将人类的器官和组织作为商品买卖，违者应追究其法律责任。

56. 《中国心脏死亡器官捐献指南》的目的是什么

目的是在尊重捐献者权益的基础上，建立一个合法的、符合医学伦理的临床应用程序，以避免任何可能对捐献者、捐献者家

属、器官移植受者和医护人员所造成的伤害。

57.《中国心脏死亡器官捐献指南》第二版与第一版的区别主要在哪里

该指南第二版根据“中国人体器官捐献分类标准”制定，其更注重临床可操作性及实用性，对器官捐献工作程序及要点进行修订，如增加器官保存与修复和器官评估，进一步明确了捐献者主管医生、器官捐献协调员和移植医生的职责与分工。旨在进一步规范并指导我国心脏死亡器官捐献工作，使其沿着健康广阔的道路不断前进。

58.《中国心脏死亡器官捐献指南》主要适用范围是什么

该指南主要适用于发生在医院内的可控制性心脏死亡器官捐献，为临床医护人员在医院内开展器官捐献工作提供参考。该指南不应代替医生的临床判断。在具体实施DCD过程中，可在相关法律、法规允许的范围内，根据捐献者及其家属或地区的特点，进行调整，该指南不适用于皮肤、角膜等组织捐献。

59. 心脏死亡器官捐献国际上有没有通用分类

目前，国际上通常采用1995年荷兰Maastricht（马斯特里赫特）国际会议定义的心脏死亡器官捐献分类标准，该标准总共分5类，分类Ⅴ近来被提议作为其他4类的补充。

60. Maastricht分类的具体内容是什么

Ⅰ类：入院前死亡者，热缺血时间未知。属于“不可控制”类型。

Ⅱ类：心肺复苏失败者，这类患者通常在心脏停搏时给予及时的心肺复苏，热缺血时间已知。属于“不可控制”类型。

Ⅲ类：有计划地撤除心肺支持治疗后等待心脏停搏的濒死

者，热缺血时间已知。属于“可控制”类型。

Ⅳ类：确认脑死亡的患者发生心脏停搏，热缺血时间已知。属于“可控制”类型。

Ⅴ类：危重患者发生意外的心脏骤停，热缺血时间已知。属于“不可控制”类型。

61. 我国有没有符合中国国情的分类标准

有。2011年2月，中国人体器官移植技术临床应用委员会通过并公布了“中国人体器官捐献分类标准”（简称“中国标准”）（卫办医管发〔2011〕62号附件1）。

62. 中国人体器官捐献分类标准是什么

“中国标准”总共分3类。

中国一类（C-Ⅰ）：国际标准化脑死亡器官捐献（donation after brain death，DBD），即脑死亡案例，经过严格医学检查后，各项指标符合脑死亡国际现行标准和国内最新脑死亡标准［中国脑血管病杂志，2009，6（4）］，由通过卫生部委托机构培训认证的脑死亡专家明确判定为脑死亡；家属完全理解并选择按脑死亡标准停止治疗、捐献器官；同时获得案例所在医院和相关领导部门的同意和支持。

中国二类（C-Ⅱ）：国际标准化心脏死亡器官捐献（DCD），即包括Maastricht标准分类中的M-Ⅰ至M-Ⅴ案例，其中M-Ⅰ、M-Ⅱ、M-Ⅳ、M-Ⅴ几乎没有争议，但成功概率较小，其器官产出对医疗技术、组织结构及运作效率的依赖性极强。M-Ⅲ所面临的主要问题是关于“抢救与放弃”之间的医学及伦理学争论，需要用具有法律效力的、权威性的医学标准、共识或指南来保证其规范化实施。

中国三类（C-Ⅲ）：中国过渡时期脑-心双死亡标准器官捐献（donation after brain death plus cardiac death，DBCD），即虽已完全符合DBD标准，但鉴于对脑死亡法律支持框架缺位，现严格按DCD程序实施，这样做实际上是将C-Ⅰ案例按C-Ⅱ处理，既类似M-Ⅳ，又不同于M-Ⅳ（M-Ⅳ为非计划性、非预见性脑死亡后心脏停搏）。C-Ⅲ具有相当强的“中国特色”。

63. 我国心脏死亡器官捐献工作组由什么人员组成

捐献者的主管医生，器官捐献协调员，人体器官获取组织（Organ Procurement Organization，OPO）成员及手术、麻醉等相关辅助人员，医院器官捐献委员会/医院器官移植伦理委员会成员等。

64. 心脏死亡器官捐献者的主管医生能否参与该患者的器官切取

不可以。捐献者的主管医生参与除器官切取外的整个捐献过程。

65. 器官捐献者的主管医生主要负责什么

捐献者的主管医生主要负责：①发现潜在捐献者，初步评估潜在捐献者是否符合捐献条件；②负责告知家属患者的病情，在家属提出终止治疗意愿后，联系省级人体器官捐献委员会，提交潜在捐献者的基本资料；③协助器官捐献协调员，与家属共同探讨器官捐献事宜；④与家属协商决定撤除心肺支持治疗并具体实施，确认并宣布捐献者死亡；⑤捐献前对捐献者进行必要的医疗干预；⑥填写DCD相关记录，组织回顾病例，上报医院器官捐献委员会/医院器官移植伦理委员会备案。

66. 器官捐献协调员主要负责什么

器官捐献协调员主要负责与家属共同探讨器官捐献事宜，获得捐献知情同意等法律文件。

67. 器官捐献协调员需要认定资质吗

器官捐献协调员由红十字会负责培训并认定资质。

68. 人体器官获取组织（OPO）的主要任务是什么

主要负责器官切取。不参与撤除心肺支持治疗过程。

69. 医院器官捐献委员会/医院器官移植伦理委员会的作用是什么

监管与捐献相关的法律文件是否完善、捐献过程是否符合知情同意等原则。监督DCD上报病历，备案管理。

70. 麻醉师和手术室工作人员也属于心脏死亡器官捐献工作组吗

是的。他们主要协助OPO小组完成器官切取工作。

71. 患者处于需要机械通气或循环支持的严重神经损伤或其他器官衰竭状态，无法避免发生心脏死亡时，是否为潜在的器官捐献者

看情况。对于此类患者，主管医生需评估患者撤除心肺支持治疗后短时间发生心脏死亡的可能性，如果预计患者在撤除心肺支持治疗之后60 min内死亡，则可将其视为潜在捐献者。

72. 如果在预测和评估患者在撤除心肺支持治疗之后60 min内死亡的过程中必须进行某些检查，患者家属是否有权知道

患者家属具有知情同意权。在评估过程中必须进行某些检查时，主管医生应该告知患者家属，并将谈话内容和患者家属的知情同意做详细记录。

73. 如果患者符合心脏死亡捐献标准，医生会在什么时候摘取患者器官

在心脏停搏后观察2～5 min，根据心脏死亡判定标准宣告患者心脏死亡，之后方可进行器官获取。

74. 如果患者被诊断为脑死亡，且其家属同意捐献患者器官，那么在医生摘取器官前是怎样个流程

根据中国三类捐献标准，脑死亡患者严格按照心脏死亡捐献流程实施器官捐献，即在患者生前或其家属提出终止治疗并同意捐献的情况下，先撤除心肺支持治疗，等待心脏停搏，在心脏停搏后观察2～5 min，根据心脏死亡判定标准宣告患者心脏死亡，之后方可进行器官获取。

75. 医学伦理原则是什么

无害、有利、尊重、互助和公正。

76. 本人患有1型糖尿病15年，目前查出轻微尿微量蛋白，可否死后做器官捐献

可以。糖尿病病史不会影响器官捐献，只要捐献器官功能基本正常。

77. 我是乙型肝炎小三阳，可以捐赠器官吗

不可以。活动性、未经治疗的全身性细菌、病毒或者真菌感染者均不能捐献器官。乙肝患者携带乙肝病毒，是血液性的传染病，因此不能捐献血液和器官，但遗体是可以捐献的。

78. 狂犬病或破伤风死亡者的器官可以捐献吗

不可以。狂犬病是感染了狂犬病毒，破伤风是感染了破伤风梭菌，两者一个是病毒感染，一个是细菌感染，均未治愈，是不

可以捐献器官的。

79. 在被拘捕或羁留于政府部门期间死亡的人，其家属可否申请器官捐献

不可以。相关规定中明确指出，器官捐献者的身份要明确，以上情况一般不予考虑。

80. 中毒导致死亡的人，其家属可否申请器官捐献

不可以。相关规定中明确指出，器官捐献者的身份要明确，其死亡原因需要公安司法部门进一步调查，所以一般不予考虑。

81. 死者生前明确表示愿意捐献器官，但死亡时其家属与医院有医疗纠纷，是否会影响捐献

会影响。相关规定中明确指出，器官捐献者身份需明确。与医院有医疗纠纷的或死因仍需公安司法机关进一步调查的一般不予考虑。

82. 艾滋病患者能否申请器官捐献

不可以。HIV（人类免疫缺陷病毒）感染者，也就是所谓的艾滋病患者是不可以捐献器官的。因为HIV会随着器官移植感染器官接受者。

83. 70岁身体健康者，可以过世后捐献器官吗

年龄属于器官移植捐献的相对禁忌证。我国器官捐献者必须具备的一般条件中明确指出，年龄一般不超过65岁。目前已有报道证实老年（年龄>55岁）供者的器官可以安全地用于移植。如果身体健康，器官功能正常，还是可以移植的。

84. 同性恋或双性恋者可以捐献器官吗

不可以。同性恋或双性恋等高危活动史者不满足捐献器官的条件。

85. 吸毒人员可以申请器官捐献吗

原则上不可以。器官捐献者的一般条件中规定，需无药物滥用、无静脉注射毒品等高危活动史。

86. 肝癌晚期患者，想过世后捐献器官，其是否满足捐献条件

这种情况不可以捐献。器官捐献者的一般条件中规定，需无恶性肿瘤病史，所以晚期肝癌、肾癌、肺癌、胰头癌等恶性肿瘤患者均不能捐献器官。

87. 早期胃癌患者过世后可否捐献器官

一些早期的恶性肿瘤和部分中枢神经系统肿瘤在经过成功的治疗后是可以考虑的。

88. 血液动力学不稳定会影响器官捐献吗

会的。一般要求器官捐献者血液动力学和氧合状态要相对稳定。

89. 氧合状态不稳定可否捐献器官

视情况严重程度而定。一般要求器官捐献者血流动力学和氧合状态要相对稳定。

90. 本人某些器官功能已不正常，可否捐献

看捐献哪些器官，但必须捐献的器官功能基本正常。如果说肾衰竭患者想捐献肝脏，一般情况下还是可以的。但要捐功能不正常的肾脏，是不可以的。

91. 如果有人心脏死亡后想捐献皮肤，可否依据《中国心脏死亡器官捐献指南》操作

不可以。因为该指南不适用于皮肤、角膜等组织捐献。

92. 如何评估患者是否为潜在捐献者

国际上常采用UNOS（United Network for Organ Sharing，器官共享联合网络）评估标准和威斯康星大学评分标准（UW标准）。UNOS评估标准可以用于评估患者是否为潜在捐献者，也可以预测患者在撤出心肺支持治疗后60 min内死亡的可能性。UW标准是用来预测患者在撤出生命支持治疗后60 min内死亡的标准（DCD评估工具）。

93. 《中国心脏死亡器官捐献指南》（第二版）中所指的家属是指哪些人

本指南中所指家属是指配偶、成年子女、父母，或患者通过法律途径正式授权的委托人。

94. 如果家属中意见不一，有一方反对器官捐献，可否少数服从多数完成器官捐献

不可以。《中国心脏死亡器官捐献指南》（第二版）中明确规定，如果家属中有一方反对器官捐献，即使潜在捐献者生前有捐献意愿，也不应进行器官捐献。

95. 医疗干预目的是什么

在知情同意书签署之后，应开展供者的综合评估及医疗干预。医疗干预目的是保证捐献器官的质量。

96. 医疗干预必须遵守的原则是什么

医疗干预必须遵守知情同意和无害原则，即医疗干预只有在捐献者（清醒状态）和/或其家属知情同意的情况下才能进行。

97. 医生对器官捐献供者的综合评估包括什么

综合评估应包括整理收集捐献者的相关临床资料，包括患者的一般资料、详细的个人史、既往史及实验室检查等。

98. 捐献者死亡的过程其家属可否为了减轻死者痛苦，要求医生使用加速患者死亡的药物

不可以。捐献者死亡过程不能应用任何加速患者死亡的药物。

99. 脑死亡器官捐献在中国有没有立法

目前还没有。但全世界已经有100多个国家承认脑死亡标准，其中，美国、英国、日本等89个国家正式立法。

100. 如果一个人生前愿意捐献器官，而因为事故现在被确诊为脑死亡，他可否捐献器官

可以。按照“中国人体器官捐献分类标准”（“中国标准”）中的中国三类（C-Ⅲ）执行。C-Ⅲ是指中国过渡时期脑-心双死亡标准器官捐献（donation after brain death plus cardiac death，DBCD），即虽已完全符合脑死亡器官捐献（DBD）标准，但鉴于对脑死亡法律支持框架缺位，现严格按心脏死亡器官捐献（DCD）程序实施。C-Ⅲ具有相当强的“中国特色”。

101. 什么是热缺血时间

热缺血时间是指终止治疗至低温灌注开始前的一段时间。

102. 什么是冷缺血时间

冷缺血时间是指器官从冷灌注（冷保存）开始到移植后供血开始的这段时间。

103. 各器官耐受热缺血的时间如何

建议各器官耐受热缺血时间：肾脏1 h，肝脏30 min，胰腺1 h，肺脏1 h。

104. 捐献者在撤除心肺支持治疗后，60 min内心搏未停止者，能否进行器官捐献

若捐献者在特定的时间范围内（60 min）未死亡，应终止器官捐献，继续行临终治疗。

105. 心脏死亡的判定标准如何

心脏死亡即呼吸和循环停止，反应消失。由于DCD对于时间的限制，需要运用监测或检验来快速而准确地判断循环的停止。在可能的情况下，可以应用有创动脉血压监测和多普勒超声进行确认。判定死亡时由于在循环停止后的几分钟里心电活动仍可能存在，不应以心电监测为准。

106. 医生为确定循环停止的不可逆性或永久性，应观察多久再宣布死亡

观察期至少为2 min，不能多于5 min。

107. 捐献者一旦死亡，家属还能否继续陪在身边

捐献者一旦宣布死亡，家属应立即撤离，主管医生及器官捐献协调员负责对家属进行安慰及关怀。

108. 人体器官获取组织（OPO小组）什么时候可以介入

一旦宣布死亡，OPO小组方可介入，尽快开始切取手术，尽量减少热缺血时间。

109. 如果主管医生宣布死亡，其家属还能不能要求继续抢救和治疗

医生要根据心脏死亡的判定标准，且为确定循环停止的不可逆性，尚需观察2～5 min再宣布死亡。一旦宣布死亡，就不能采取恢复循环的措施。

110. 供体器官切取后如何保存

供体器官切取后一般采取单纯低温保存。如条件允许，建议对热缺血时间较长的供体器官及边缘供体器官采取低温机械灌注。

111. 心脏死亡器官捐献的流程是怎样的

- 供者选择
  - 发现潜在捐献者（主管医生）
  - 决定撤除心肺支持治疗（主管医生）
  - 评估DCD可行性（主管医生）
  - 正式提交PODC（主治医院）
- ↓ 劝捐工作
  - 向家属提出器官捐献（协调员/主管医生）—不同意→临终治疗（主管医生）
  - 签署知情同意书（协调员）
  - 上报备案（主治医师/协调员）
- ↓ 供者管理
  - 供者综合评估（主管医生）
  - 医疗干预（主管医生）
- ↓ 终止治疗
  - 撤除心肺支持治疗（主管医生）—1 h内未死亡→临终治疗（主管医生）
  - 宣布死亡（主管医生）
- ↓ 器官获取
  - 器官切取（OPO）→供体器官评估与修复（移植医生）
- ↓ 病例总结
  - 病例总结、备案（主管医生）

112. 对于心脏死亡的器官捐献者，谁来决定撤除患者的心肺支持治疗

由主管医生负责。

113. 去哪里能填写器官捐献同意书

可联系当地红十字会。器官捐献的相关事宜均可与当地或省级红十字会沟通。

114. 移植医生可否宣布患者死亡

不可以。由主管医生宣布患者死亡，详细记录患者死亡过程及死亡时间。不能由移植医生或OPO小组宣布患者死亡。

115. 患者家属可否只是口头同意患者的心脏死亡器官捐献

在获得患者家属知情同意后，器官捐献协调员要与其签署正式的知情同意书。口头协议无法论证，如果患者家属反悔则无处询证。患者家属应以书面形式共同表示同意器官捐献。

116. 在新疆想加入志愿者行列该找哪个部门

我国目前人体器官捐献试点地区包括天津、辽宁、上海、江苏、浙江、福建、江西、山东、湖北、广东、湖南、内蒙古自治区、吉林、广西壮族自治区、河南、陕西。新疆暂时没有列入器官捐献试点地区，以后肯定会。如果想成为潜在捐献者，申请捐献程序，可以去以上这些地区红十字会申请捐献。

117. 什么是红十字会的精神

红十字会精神是弘扬“人道、博爱、奉献”。

118. 人体器官捐献试点应遵循什么原则

（1）依法工作，规范有序。

（2）密切协作，积极稳妥。
（3）统一标准，科学管理。
（4）加强监督，确保公平。

119．什么是CODS

CODS，China Organ Donation System，也就是中国人体器官捐献体系，它由国家和省（区、市）两级人体器官捐献组织机构构成。

120．什么是CODC

CODC，China Organ Donation Committee，也就是中国人体器官捐献委员会。

121．中国人体器官捐献委员会由卫生部组建吗

不完全是。该委员会是由中国红十字会总会和卫生部共同组建。

122．CODC主要负责什么

中国人体器官捐献委员会负责组织相关专家拟订中国人体器官捐献体系建设方案；拟订人体器官登记、获取、分配原则；负责监督、指导中国人体器官捐献办公室、人体器官移植技术临床应用委员会、中国人体器官获取组织以及省级人体器官捐献工作，建立人体器官捐献工作评估体系；对省级人体器官捐献委员会进行监督、指导。

123．什么是CODO

CODO，China Organ Donation Office，也就是中国人体器官捐献办公室。CODO设在中国红十字会总会赈济救护部，是CODC下设的日常工作机构。

124. 中国人体器官捐献办公室的职责是什么

CODO负责全国器官捐献宣传、动员；负责组织并管理人体器官捐献志愿者队伍和人体器官捐献协调员队伍；负责对从事人体器官捐献和移植的相关人员开展红十字运动基本知识、人文关怀、社会心理等方面的培训；负责建立和维护中国人体器官捐献者登记管理系统；对器官捐献进行见证；负责接收政府拨款与社会捐赠，建立并管理人体器官捐献基金；建立激励和救助机制，对困难捐献者家属实施救助；开展对器官捐献者的缅怀、纪念；对有突出贡献的单位和个人予以表彰；负责协调人体器官移植技术临床应用委员会和中国人体器官获取组织开展工作；对省级人体器官捐献办公室进行监督、指导。

125. OPO小组可否宣布患者死亡

不可以。由主管医生宣布患者死亡，详细记录患者死亡过程及死亡时间。不能由移植医生或OPO小组宣布患者死亡。

126. 人体器官捐献中经常提到的OTC是什么意思

OTC，Organ Transplant Committee，是指人体器官移植技术临床应用委员会。

127. 人体器官移植技术临床应用委员会的职责是什么

OTC负责组织相关专家拟订全国人体器官移植技术临床应用规范，对省级卫生行政部门上报的人体器官移植技术临床应用规划提出评议意见；负责为CODC、CODO、COPO提供技术咨询、政策建议和决策参考；负责对从事人体器官捐献和移植的相关人员开展法规、政策、技术等方面的培训；负责建立和维护中国人体器官移植等待者登记管理系统和中国人体器官分配管理系统；对省级人体器官捐献专家组进行监督、指导。

128. 什么是PODC

PODC，Provincial Organ Donation Committee，也就是省级人体器官捐献委员会，为CODS的组成部分。

129. PODC主要负责什么

负责省级人体器官捐献工作的管理，人员组成由省级红十字会和省级卫生行政管理部门共同确定并报CODC批准；负责监督指导省级人体器官捐献办公室、省级人体器官捐献专家组和省级人体器官获取组织的工作。

130. 什么是PODO

PODO，Provincial Organ Donation Office，也就是省级人体器官捐献办公室，设在省（区、市）红十字会，是PODC下设的日常工作机构。

131. PODO的职责是什么

负责所在省的器官捐献宣传、动员；根据需要设立下级人体器官捐献组织机构；负责招募并管理辖区内人体器官捐献志愿者队伍和人体器官捐献协调员队伍；负责对辖区内从事人体器官移植的相关人员开展红十字运动基本知识、人文关怀、社会心理等方面的培训；负责向中国人体器官捐献者登记管理系统登记捐献者信息；对器官捐献进行见证；负责接收政府拨款与社会捐赠，建立并管理省级人体器官捐献基金；制定救助原则，对困难捐献者家属实施救助；开展对器官捐献者的缅怀、纪念；负责协调省级人体器官捐献专家组和省级人体器官获取组织开展工作；对有突出贡献的单位和个人予以表彰等。

132. 人体器官捐献协调员以什么身份出现在器官捐献协调流程中

协调员由相关机构的专业人员担任，以红十字会志愿者身份出现。

133. 人体器官捐献协调员的主要职责是什么

开展人体器官捐献宣传；发现潜在捐献者；组织协调登记。

134. 人体器官捐献协调员由哪个部门管理

PODO在医院、急救等部门组建器官捐献协调员队伍，人体器官捐献协调员由PODO聘任、培训和管理。

135. 如何加入人体器官捐献志愿者队伍

可联系当地红十字会。人体器官捐献志愿者队伍的组建与管理由省级人体器官捐献办公室负责，人体器官捐献志愿者由PODO在社会上招募并进行培训。

136. 人体器官捐献志愿者主要负责什么

协助省级人体器官捐献办公室开展日常工作。

137. 省级人体器官捐献专家组的主要职责是什么

负责为PODC、PODO、POPO提供技术咨询、政策建议和决策参考；负责对从事人体器官捐献和移植的相关人员开展法规、政策、技术等方面的培训；按照人体器官分配管理系统自动生成的移植受者名单，指导、协调捐献器官的使用；对医院人体器官移植技术临床应用与伦理委员会进行监督、指导。

138. 什么是POPO

POPO，Provincial Oragn Procurement Organizations，是指省级人体器官获取组织。POPO接受COPO、PODC以及所在地省级卫生行政部门的监督指导。

139. POPO主要负责什么

POPO负责组织人体器官获取专家对从事人体器官获取有关工作人员开展器官获取方面的技术培训；负责协调、指导、实施所在省的人体器官获取等工作。

140. 死亡后捐献器官，大致流程是怎样的

公民可以通过书面向PODO申请人体器官捐献登记，或者由人体器官捐献协调员在医疗机构中发现潜在捐献者，如果潜在人体器官捐献者或其配偶、成年子女、父母有捐献意愿，则由协调员帮助完成捐献手续，公证相关资料，并报送PODO，经PODO确认，将捐献者相关资料录入中国人体器官捐献者登记管理系统。

141. 器官获取的流程如何

当完成登记的捐献者在临床上达到待捐献状态时，由捐献者所在的医院进行医学检查，所在医院协调员将捐献者的相关信息报送PODO，由PODO通知POPO进行人体器官获取，POPO根据人体器官捐献标准进行判断，确保有效捐赠，最后按人体器官获取标准进行器官切取并保存。

142. 器官分配流程如何

由省级人体器官专家组根据中国人体器官分配原则对捐献器官进行分配。PODO要对器官捐献和移植的过程进行见证。

143. 心脏死亡器官捐献后遗体处理的流程如何

器官捐献者完成捐献后的遗体，由医院进行符合伦理原则的医学处理，恢复遗体原貌，对于有遗体捐献意愿的捐献者，由PODO联系遗体接收站接收，对于没有遗体捐献意愿的捐献者或不符合接收条件的捐献者，由PODO移交其家属并协助处理善后事宜。

144. 困难救助流程如何

PODO根据PODC制定的救助原则，拟订救助方案和流程，报PODC，PODC应规划建立纪念碑、纪念林、纪念馆或纪念网站等，缅怀和纪念器官捐献者，并为捐献者家属提供缅怀亲人的场所。

145. PODC、PODO、专家组和POPO由什么部门负责组建

各试点省（市）红十字会和卫生行政部门负责建立PODC、PODO、专家组和POPO。

146. 哪些人应该重点了解人体器官捐献知识

“拯救生命，捐献光荣”。全社会都有责任去了解和参与进来。但医院、学校等特定场所和ICU住院患者、驾驶员等人群是红十字会的重点宣传对象。

147. 人体器官捐献试点工作启动经费是国家拨款吗

国家会有一定的拨款，但人体器官捐献试点工作启动经费来源为“政府投入一点，医院支持一点，社会募捐一点，受益者拿出一点”的方式，通过多渠道筹集资金。

148. 人体器官捐赠基金的用途

该基金将主要用于开展人体器官捐献的宣传动员、困难救助、缅怀纪念、表彰奖励、机构运行及信息平台建设维护等相关工作，确保人体器官捐献工作持续健康发展。

149. 山西非人体器官捐献试点，可否按照中国人体器官捐献试点工作方案积极开展本省捐献工作

可以。该工作方案中有提到“非试点省份和城市可参照本方

案执行”。

150. 中国人体器官分配与共享的总则

申请人体器官移植手术患者的排序，应当符合医疗需要，遵循公平、公正和公开的原则。

151. 中国人体器官分配与共享的基本原则是什么

（1）人体器官分配与共享应当符合医疗的需要。

（2）移植医院根据合理的医学判断，有权为其移植等待者拒绝接受不合适的器官。

（3）人体器官分配与共享按照移植医院，省（直辖市、自治区）、全国3个级别逐级进行器官的分配与共享。

（4）人体器官分配与共享过程中应当避免器官的浪费，最大限度地增加患者接受移植手术的机会，提高器官分配效率。

（5）在确保尽量降低移植等待者名单的患者死亡率的前提下，优化器官与移植等待者的匹配质量，提高移植受者的术后生存率和生存质量。

（6）保证器官分配的公平性，减少因生理、病理和地理上的差异造成器官分布不均的情况。

（7）定期对人体器官分配与共享政策进行审核和适当修订。

152. 移植医院能否拒绝接受不适合移植等待者的器官

可以。移植医院根据合理的医学判断，有权为其移植等待者拒绝接受不合适的器官。

153. 人体器官分配与共享过程中最应当避免什么问题

应当避免器官的浪费，最大限度地增加患者接受移植手术的机会，提高器官分配效率。

154. 优化器官与移植等待者的匹配质量应在什么前提下进行

应在确保尽量降低移植等待者名单的患者死亡率的前提下进行。

155. 器官分配会不会因为地理上的差异造成分布不均

原则上需保证器官分配的公平性，减少因生理、病理和地理上的差异造成器官分布不均的情况。但实际上还是会有这种差异的，相关部门也是在尽量减少这种分布不均的情况。

156. 人体器官分配与共享政策如果遇到不合理的情况，会一直不变吗

不会。任何一个政策都不是完美的，都需要不断修订和完善。人体器官分配与共享的基本原则之一就是定期对人体器官分配与共享政策进行审核和适当修订。

157. 人体器官分配与共享实施的目标是什么

（1）降低移植等待者名单的患者死亡率。

（2）提高移植受者的术后生存率。

（3）消除核心的移植等待者排序规则和器官匹配政策对不同疾病和不同生理条件所产生的不公平性。

158. 医生常说的肝移植等待者名单具体是指什么

肝移植等待者名单是指在未获得器官捐献者肝脏医学特征的情况下，按照排序规则输出的一个有序的、等待肝移植手术的患者名单。

159. 肝移植等待者名单根据什么来排序

（1）肝移植等待者医疗紧急度评分：所有肝移植等待者在列入肝移植等待者名单之前都必须获取一个有效的医疗紧急度评分，用于肝移植等待者名单的排序。

（2）肝移植等待时间：肝移植等待时间的计算应当与肝移植等待者医疗紧急度评分以及每个评分的停留时间相结合。

160. 可否详细说明肝移植等待者医疗紧急度评分情况

所有肝移植等待者在列入肝移植等待者名单之前都必须获取一个有效的医疗紧急度评分，用于肝移植等待者名单的排序。医疗紧急度评分的最高级别是超紧急状态，不符合超紧急状态的等待者依据终末期肝病模型/小儿终末期肝病模型评分得到的分数按照由高到低的顺序排列。

早期肝细胞肝癌（HCC）患者可申请HCC特例评分，申请成功者将获得终末期肝病模型评分22分（12岁或以上肝移植等待者）或小儿终末期肝病模型评分32分（12岁以下肝移植等待者）。

161. 如何消除主观判断和人为因素引起的不公平性，客观地反映肝移植等待者真正等待肝脏移植的时间

通过使肝移植等待时间的计算与肝移植等待者医疗紧急度评分以及每个评分的停留时间相结合来消除。

162. 超紧急状态的肝移植等待者在肝移植等待者名单上的等待时间会有改变吗

超紧急状态的肝移植等待者在肝移植等待者名单上的等待时间将随着停留在超紧急状态的时间自然增加。

163. 在同一个肝移植等待者名单上，处于某一终末期肝病模型/小儿终末期肝病模型（简称MELD/PELD）评分的肝移植等待者的等待时间该如何计算

肝移植等待者的等待时间=当前MELD/PELD评分的累计等待时间+比当前MELD/PELD评分分值高的MELD/PELD评分的累计等待时间。

164. 什么是肝移植匹配名单

肝移植匹配名单是指结合器官捐献者肝脏的医学特征、肝移植等待者自身的医疗紧急度、肝移植等待者与器官捐献者肝脏的匹配程度等因素，在分配系统中输出的一个有序的肝移植等待者的器官匹配名单。

165. 影响肝移植匹配名单排序的主要因素有哪些

（1）年龄因素。

（2）地理因素。

（3）医疗紧急度评分。

（4）血型匹配。

（5）器官捐献者及其直系亲属的优先权。

（6）等待时间。

166. 什么是移植医院分配区域

移植医院分配区域是指移植医院内的移植等待者名单，适用于肝脏捐献者所在的医院具备肝移植资质的情况。

167. 什么是器官获取组织（OPO）分配区域

指OPO服务区域内的所有移植医院的移植等待者名单，适用于肝脏捐献者所在的医院不具备肝移植资质的情况。

168. 什么是省级分配区域

指省级行政区域内所有移植医院的移植等待者名单。

169. 什么是全国分配区域

指全国所有移植医院的移植等待者名单。

170. 如何匹配到合适的等待者

进行器官匹配的最小分配区域为移植医院的移植等待者名单，并按照如下顺序逐级扩大分配区域，直至匹配到合适的等待者。

171. 儿童捐献者的肝脏可否移植给成人

可以。但12岁以下的儿童捐献者的肝脏要优先分配给12岁以下的儿童肝移植等待者。如果没有12岁以下儿童合适的肝脏等待者，则再考虑分配给成人。

172. 肝移植等待者与器官捐献者的血型是否要相同或相容

肝移植等待者与器官捐献者的ABO血型应当相同或相容方可进行器官匹配。

173. 对于与器官捐献者ABO血型不相容的肝脏等待者可否进行匹配

对于与器官捐献者ABO血型不相容的肝脏匹配仅限于超紧急状态或MELD/PELD评分≥30分的肝移植等待者。

174. 器官捐献者及其直系亲属肝移植是否有优先权

为鼓励器官捐献，赞扬器官捐献者挽救他人生命的奉献精神，尸体器官捐献者的直系亲属或活体器官捐献者如需要接受肝、肾等器官移植手术，排序时将获得合理的优先权。

175. 什么是肾移植等待者名单

肾移植等待者名单是指在尚未获得器官捐献者肾脏医学特征的情况下，按照排序规则输出的一个有序的、等待肾移植手术的患者名单。

176. 肾移植等待者的排序主要以什么作为排序指标

肾移植等待者的排序以等待时间为主要排序指标。

177. 如何能够真实、客观地反映肾移植等待者真正等待肾脏移植的时间

计算时需结合肾移植等待者接受透析治疗的起始时间。

178. 年龄差别是否会影响肾移植等待时间的计算

对于18岁或以上的肾移植等待者，如果在加入肾移植等待者名单时尚未开始接受透析治疗，其等待肾移植的起始时间应当为该等待者之后接受透析治疗的起始时间。如果等待者在加入肾移植等待者名单前已接受透析治疗，等待时间应当从加入等待者名单的一刻起开始计算。18岁以下肾移植等待者的等待时间由加入肾移植等待者名单的一刻起开始计算。

179. 18岁或以上的肾移植等待者的等待时间从何时算起

对于18岁或以上的肾移植等待者，如果在加入肾移植等待者名单时尚未开始接受透析治疗，其等待肾移植的起始时间应当为该等待者之后接受透析治疗的起始时间。如果等待者在加入肾移植等待者名单前已接受透析治疗，等待时间应当从加入肾移植等

待者名单的一刻起开始计算。

180. 18岁以下肾移植等待者的等待时间从何时算起

18岁以下肾移植等待者的等待时间由加入肾移植等待者名单的一刻起开始计算。

181. 什么是肾移植匹配名单

肾移植匹配名单是指结合器官捐献者肾脏的医学特征、肾移植等待者的自身情况和其他匹配因素在器官匹配系统中输出的一个有序的肾移植等待者名单。

182. 肾移植等待者与器官捐献者的血型有无要求

两者ABO血型必须相同或相容方可进行肾脏的器官匹配。

183. 肾移植等待者评分系统全国通用吗

不是。该评分系统只用于同一个分配区域内等待者的排序。

184. 肾移植等待者评分系统的组成

该评分系统由等待时间得分、器官捐献者及其直系亲属优先权、等待者致敏度（PRA≥80%）、人类白细胞抗原（human leukocyte antigen，HLA）配型匹配质量、儿童等待者优先权组成。

185. 肾移植高致敏度等待者有没有优先权

有优先权。

186. 为什么肾移植高致敏度等待者有优先权

由于高致敏肾移植等待者在没有优先权的条件下，比其他等待者更难找到合适的肾脏。因此。应当给予这类等待者一定的优先权，使他们有更大的概率接受移植。

187. 与器官捐献者肾脏HLA配型匹配质量较高的肾移植等待者是否有优先权

是的。这类等待者拥有优先权。

188. 为什么与器官捐献者肾脏HLA配型匹配质量较高的肾移植等待者有优先权

研究发现肾移植器官捐献者与接受者双方基因水平HLA配型的匹配情况，对肾移植受者术后长期存活具有显著影响。因此，应当给予抗原无错配或HLA配型匹配质量较高的肾移植等待者一定的优先权，以提高肾移植术后生存率。

189. 儿童肾移植等待者有无优先资格

年龄在18岁以下的肾移植等待者有优先权。

190. 为什么18岁以下肾移植等待者有优先权

肾脏疾病和透析治疗给18岁以下少年儿童正常的生长发育带来了严重的不良影响，应当尽早为18岁以下少年儿童进行根本性的治疗（肾移植手术）。因此，给予18岁以下肾移植等待者优先权。

191. 成人（≥18岁）肝移植等待者什么情况下是超紧急状态

出现以下任何一种情况，如不接受肝移植手术，预期寿命＜7天的成人肝移植等待者将被列为超紧急状态：①暴发性肝功能衰竭；②原发性移植肝无功能；③移植物植入后7天内移植肝动脉血栓形成，且满足天门冬氨酸氨基转移酶（AST）≥3 000 U/L、国际标准化比率（INR）≥2.5和/或酸中毒（动脉血pH≤7.30或静脉血pH≤7.255和/或乳酸≥4 mmol/L）或是无肝等待者其中之一；④急性失代偿性肝豆状核变性。

192. 什么是暴发性肝功能衰竭

暴发性肝功能衰竭是指首发肝病症状8周内出现肝性脑病。等待者名单中罹患暴发性肝功能衰竭的成人等待者，除正在重症监护病房（ICU）接受治疗外，还必须至少满足以下3个条件中的任意一项：①呼吸机依赖；②需要接受透析、连续性静脉–静脉血液滤过（CVVH）或连续性静脉–静脉血液透析（CVVD）；③国际标准化比率（INR）>2.0。

193. 如何诊断原发性移植肝无功能

该诊断应当于移植入后7天内作出，并至少满足以下两个条件中的任何一项：①天门冬氨酸氨基转移酶（AST）≥3 000 U/L、国际标准化比率（INR）≥2.5和/或酸中毒（动脉血pH≤7.30或静脉血pH≤7.255和/或乳酸≥4 mmol/L）。所有实验室检验值必须来自移植后24 h至7天内所抽取的同一血液样本。②无肝等待者。

194. 列入超紧急状态的肝移植等待者在什么情况下会被降分处理

不论年龄大小，其主管医师必须在7天内对该等待者的状态进行认证，否则均将被降分处理。

195. 18岁以下肝移植等待者什么情况下是超紧急状态

同成人肝移植等待者情况，唯一不同的是肝动脉血栓形成的诊断应当于移植物植入后14天内作出。

196. 如何准确预测终末期肝病患者的死亡率

MELD/PELD评分是唯一在国际上被广泛接受、能够准确预测终末期肝病患者死亡率的医学指标。采用MELD/PELD评分符合人体器官移植共享与分配的第一目标，即降低移植等待者名单的患者死亡率。

197. MELD评分的适用范围

MELD评分客观地预测了肝移植等待者3个月的死亡风险，适用于≥12岁的肝移植等待者。

198. PELD评分的适用范围

PELD评分客观地预测了儿童肝移植等待者3个月的死亡风险，适用于12岁以下的肝移植等待者。

199. 肝细胞肝癌（HCC）患者是否也可采用MELD/PELD评分系统

HCC患者采用HCC特例评分。因为MELD/PELD评分系统不能合理地反映早期HCC患者需要接受移植的紧急程度，为弥补这一不足，建立了HCC-MELD协作评分机制，目的是消除核心的排序政策对不同疾病和不同生理病理条件所产生的不公平性。

200. MELD评分计算公式使用了哪些指标

血清胆红素、肌酐和国际标准化比率（INR）这3个客观的、可重复测量的实验室检验值，并考虑了肝移植等待者是否在肝移植前1周内接受两次或更多次透析治疗，或者肝移植前1周内接受24h连续静脉-静脉血液透析对实验室检验值的影响。

201. PELD评分计算公式使用了哪些指标

PELD评分计算公式使用了血清白蛋白、血清总胆红素和国际标准化比率（INR）等客观的实验室检验值和生长发育的指标。

202. 抗原无错配是指什么

指等待者名单上等待者的ABO血型与器官捐献者的血型相同

或相容，且等待者与6个HLA-A、HLA-B和DR抗原均相同的配型。如器官捐献者HLA位点（A、B或DR）为纯合子，接受者相应位点的两个抗原中包含该抗原，则该位点也视为抗原无错配。

203. MELD评分用什么公式

MELD评分=0.957 × Log。血清肌酐值（mg/dL）+0.378 × Log。血清胆红素值（mg/dL）+1.120 × Log。国际标准化比率（INR）+ 0.643。

通过该公式为每位肝移植等待者计算所得的MELD评分将四舍五入至小数点后第十位，再乘以10。MELD评分最高总分值为40分。

MELD评分公式设定最高血清肌酐值为4.0 mg/dL（即肝移植等待者的血清肌酐>4.0 mg/dL仍设定为4.0 mg/dL）。对于移植前1周内接受两次或更多次透析疗法的等待者，或者移植前1周内接受24 h连续静脉-静脉血液透析的肝移植等待者，其血清肌酐水平自动设定为4.0 mg/dL。

204. PELD评分用什么公式

PELD评分=0.436（年龄<1岁）-0.687 × Log。血清白蛋白值（g/dL）+0.480 × Log。血清总胆红素值（mg/dL）+1.857 × Log。国际标准化比率（INR）+0.667（生长障碍）。

通过该公式为每位12岁以下肝移植等待者计算所得的PELD评分将四舍五入至小数点后第十位，再乘以10。按照PELD评分计算时，实验室检验值小于1.0统一设置为1.0。生长障碍根据年龄和性别进行计算。1岁生日之前列入肝移植等待者名单的等待者，将继续保留年龄小于1岁获得的分值（即0.436）直至该等待者年满24个月。

205. 所有申请肝细胞肝癌（HCC）特例评分的肝移植等待者，必须提供什么

血清甲胎蛋白（AFP）水平的检测报告。

206. MELD/PELD评分是否只认证一次

所有MELD/PELD评分都需要定期进行评分再认证，以确保肝移植等待者拥有一个有效的能正确反映当前病情的状态评分，负责的医师应当及时为等待者更新相关信息。

207. 申请HCC特例评分成功的HCC肝移植等待者，隔多久需要定期评分续期

每3个月必须进行一次HCC特例评分续期，续期成功后才能继续按照HCC特例进行评分。

208. HCC特例评分续期成功后有什么新待遇

续期成功的肝移植等待者可以在原有MELD/PELD评分的基础上额外增加10%的MELD/PELD评分，直至这些肝移植等待者接受肝移植手术。

209. 若无续期或续期不成功的HCC患者，会被取消资格吗

将被取消之前所申请的HCC特例评分。

210. 如果同时成功申请MELD/PELD评分和HCC特例评分，以哪个评分为标准

这种情况下将使用状态评分最高的分值作为等待者当前的状态评分。

211. 卫生部规定的试点医院能否超出其登记的诊疗科目开展其他形式和来源的心脏死亡捐献器官移植工作

卫生部明确规定："试点医院要严格按照登记的诊疗科目依法依规开展心脏死亡捐献器官移植工作，不得超范围开展其他形式和来源的人体器官移植"（卫办医管发〔2011〕62号）。

212. 有无规定试点医院在试点期间完成心脏死亡捐献供体多少例才可向卫生部申请移植资质

《卫生部办公厅关于启动心脏死亡捐献器官移植试点工作的通知》中明确规定，要达到10例或以上，并完成相关移植手术的，才可通过省级卫生行政部门向卫生部申请，由OTC核定该诊疗科目心脏死亡捐献器官移植资质。

213. 原由省级卫生行政部门指定具有移植资质的医院在试点期间需完成心脏死亡器官捐献供体多少例才可向卫生部申请移植资质

《卫生部办公厅关于启动心脏死亡捐献器官移植试点工作的通知》中明确规定这种医院要达到5例或以上，才可通过省级卫生行政部门向卫生部申请，由OTC核定移植资质。

214. 未开展心脏死亡捐献器官移植工作的省级指定和OTC核定移植医院，在试点结束后多久将被取消相应移植资质

两年内。

215. 为什么我国确定心脏死亡的绝对观察期为2～5 min

过短不足以界定死亡状态的不可逆性，而等待时间过长，随着器官热缺血时间的延长，移植器官的废弃率会增加。

216. 判定心脏死亡的指征有哪些

循环停止、反应缺失、心搏缺失、脉搏和呼吸缺失。

217. 判定心脏死亡需要监测心电图吗

需监测有创血流动力学和多普勒，但无需监测心电图。

218. 器官移植尚在试验阶段，捐赠的器官会被浪费吗

器官移植医疗技术在我国已经很成熟，并早已在临床应用。我国的器官移植技术也已达到世界水平。器官移植手术被公认是治疗器官衰竭的有效方法。器官移植给予患者重生及改善生活质量的机会，而且成功率十分高。例如肾脏移植，接受移植的患者一年的存活率为90%以上。据统计，截至2008年，中国累计完成肾移植86 800例，肝脏移植14 643例；心、肺、小肠移植分别为717例、165例和17例。中国人体器官移植总量已居世界第二位。截至2008年，中国器官移植后患者最长存活时间为肾移植30年，肝脏移植13年，心脏移植16年，肺移植8年。

219. 为何预实施申领驾照时登记器官捐赠意愿

据国家交通安全部门公布2005—2009年资料，每年有超过60 000人死于交通事故，如果单从交通事故意外死亡者中有十分之一自愿捐献器官，目前我国紧张的器官需求就可能得到缓解。

220. DCD肝移植的边缘性供者是指什么

所谓边缘供体，是指在肝移植后存在原发性移植肝无功能（prmiary nonfunction，PNF）或功能低下（initial poor function，INF）以及迟发性移植物失活风险的肝移植供体。以下供体因素将影响受体PNF或INF的发生发展：年龄偏大、缺血时间延长、低血压、性别错配和肝脂肪变，以及影响受体长期存活的因素，如恶性肿瘤或病毒性肝炎供体等。

221. 我国器官捐献移植较好的医院有哪些

有以下医院（排名不分先后）：首先是卫生部与红十字会总会指定的器官捐献试点地区的医院，其次是综合性的器官移

植中心，同时具有肝、肾、心脏等器官移植资质，在业内属于顶级的器官移植中心。这些医院分别是：天津市第一中心医院器官移植中心（东方器官移植中心）、第二军医大学长征医院、中山大学附属第一医院、复旦大学附属中山医院、四川大学华西医院、浙江大学附属第一医院、华中科技大学附属同济医院等。

222. 什么是无心搏器官捐献

无心搏器官捐献（NHBD）是心脏死亡器官捐献（DCD）的旧称，指公民在心脏死亡后进行的器官捐献。

223. 国际上有无报道DCD肝移植受体1年存活率大概是多少

国外有学者（如Grewal HP，Skaro AI，Fujita S等）报道该存活率为74%～92%。

224. 国际上有无报道DCD的移植物1年存活率大概是多少

国外有学者（如Grewal HP，Skaro AI，Fujita S等）报道移植物1年存活率为61%～87%。

225. 肝移植器官捐献者的适应证有哪些

家属申请或同意DCD，无潜在的捐献纠纷，发生毁灭性脑损伤或诊断DBD，无明显禁忌证，拟捐献器官功能良好，预计撤除生命支持治疗后60 min内发生心脏停搏。

226. 肝移植器官捐献者的禁忌证包括哪些

药物滥用史，HIV呈阳性或存在高危活动如静脉注射毒品史、血友病等凝血机制异常、暴发性感染（药物治疗无效）、恶性肿瘤（脑部原发性肿瘤除外）、重大肝胆系统疾病史。

227. 对于潜在的捐献者的治疗原则是什么

需遵循“生命可以逆转时，将患者的存活机会最大化；生命无法逆转时，将器官的生存力最大化”原则。

228. DCD器官捐献医疗干预过程中，医生应该避免什么

医疗干预只有在供者直系亲属知情同意的情况下才能由医生进行，必须要为供者的利益着想，并避免伤害供者。在准备过程中，不应该限制或者减少能减轻供者痛苦的措施，更不应该应用加快其死亡的措施。

229. DCD肝移植的边缘性供者是指哪些人

DCD肝移植的边缘性供者包括年龄大于60岁、ICU住院时间超过5天、超过1种血管活性药物正在使用、肝大泡性脂肪变30%～60%。

230. 如何能最大化保证供者能够安全地转运到手术室

在转运的过程中应配备专业的转运人员（医生、护士）和专业的转运车辆及设施（呼吸机、电动吸引器、氧气钢瓶、除颤仪、监护设备、后备电源、微泵、急救药物）。转运至手术室后，妥善地交接给麻醉医生和手术室护士。

231. 我国DCD人体器官捐献试点工作开展得如何

截至2012年2月29日，通过人体器官捐献试点工作渠道，我国大陆实现DCD共196例，捐献大器官511个（其中肝脏161个、肾脏342个、心脏5个、肺3个）。

232. 是不是随着医学的进步，DCD捐献工作就

会开展得更好

医学的发展是不容忽视的，但目前器官移植技术已较成熟。最重要的是，DCD是一项系统化工程，涉及医学、伦理学、法学，甚至传媒学等诸多学科。进一步的开拓需要有国家立法、财政政策等保障，建立专门机构，构建有效运行机制，地方组织跟进，广泛宣传器官捐献知识，使广大群众和临床移植医生能够逐渐地接受DCD和移植，并造福更多的移植受者。

233. 美国的DCD流程是怎样的

美国2004年针对控制型DCD建立了器官捐献流程，其中关键性流程分为5个阶段：选定供体并评估1h死亡可能性→达成放弃治疗共识并与器官获取组织（OPO）联系→OPO与家属讨论并签署知情同意书→全面评估实施细节→撤除生命支持治疗、死亡判定、遗体告别、器官获取。

234. 加拿大的DCD流程是怎样的

加拿大2006年分别针对控制型DCD和非控制型DCD制定了器官捐献流程，其中控制型DCD器官捐献流程也分5个环节：达成放弃治疗共识→同意器官捐献并签署知情同意书→撤除生命支持治疗→死亡判定→移送手术室获取器官。

235. 澳大利亚DCD流程是怎样的

澳大利亚2010年发布了国家DCD操作规程，分10个步骤实施：入选标准→捐献意愿→签署知情同意书→捐献计划和筹备→死亡前干预→撤除心肺支持治疗→死亡判定→遗体告别移送手术室→器官获取→案例回顾总结。

236. Maastricht分类中“可控制”类型和“不可控制”类型如何区分

Maastricht分类中Ⅲ类和Ⅳ类属于“可控制”类型；Ⅰ类、

Ⅱ类和Ⅴ类为“不可控制”类型。

237. 供者选择中潜在器官捐献者需满足什么条件

由主管医生确认患者处于如下状态时，可将其视为潜在捐献者：

（1）患者处于需要机械通气和/或循环支持的严重神经损伤和/或其他器官衰竭状态，无法避免发生心脏死亡。对于此类患者，主管医生需评估患者撤除心肺支持治疗后短时间发生心脏死亡的可能性，如果预计患者在撤除心肺支持治疗之后60 min内死亡，则可将其视为潜在捐献者。推荐参考UNOS评估标准和/或UW评分系统进行评估。

如果在评估过程中必须做某些检查，主管医生应该告知患者家属，并将交谈内容和患者家属的知情同意做详细记录。

（2）患者符合脑死亡标准：根据中国三类捐献标准，脑死亡患者严格按照心脏死亡捐献流程实施器官捐献，即在患者生前或其家属提出终止治疗并同意捐献的情况下，先撤除心肺支持治疗，等待心脏停搏，在心脏停搏后观察2～5 min，根据心脏死亡判定标准宣告患者心脏死亡，之后方可进行器官获取。脑死亡判定标准参照《中国脑血管病杂志》［2009，6（4）］实行。

（3）具备器官捐赠者一般条件，即：

1）捐献者身份明确。如下情况一般不予考虑：在被拘捕或羁留于政府部门期间死亡、在精神病院内发生的死亡个案、中毒导致死亡、与医院有医疗纠纷、死亡原因需要公安司法部门进一步调查等。

2）年龄一般不超过65岁。

3）无HIV感染。

4）无药物滥用、无静脉注射毒品、无同性恋/双性恋等高危活动史。

5）无恶性肿瘤病史。但部分中枢神经系统肿瘤和一些早期的恶性肿瘤在经过成功的治疗后可以考虑。

6）无活动性、未经治疗的全身性细菌、病毒或者真菌感染。

7）血液动力学和氧合状态相对稳定。

8）捐献器官功能基本正常。

238. 撤除心肺支持治疗和器官捐献的讨论能否放在一起

关于撤除心肺支持治疗的讨论与器官捐献的讨论应该相互分开。

239. 报送PODC资料中应该包括哪些项目和相应检测结果

推荐包括以下项目并应附相应检测结果：血型及血细胞分类计数血清离子；尿液分析及尿培养；PT/APTT/PTA/INR/FIB；肝功/肾功/血糖/血脂；动脉血气分析；传染性疾病的血清学测试；尿HCG（育龄期女患者）；痰培养；血细菌培养；血真菌培养（推荐）；组织配型（推荐）；肝胰脾肾超声；胸片。

240. 供者管理记录表包括哪些内容

供者管理记录表包括肝肾功能及血气动脉血气分析、医疗干预用药情况和撤除生命支持治疗三部分。每个部分由相应的指标和项目组成。

241. 什么是移植

移植（transplantation）是指将一个个体的细胞、组织或器官（移植物）用手术或者其他方法，导入到自体或另一个体的某一部位，以代替原已丧失功能的一门技术。

242. 根据移植物的不同，移植可分为哪几种

细胞、组织或器官移植。

243. 可否分别举例说明细胞、组织或器官移植

干细胞移植和胰岛细胞移植属于细胞移植；皮肤、皮瓣、肌腱、神经和骨髓移植等属于组织移植；心、肝、肾、小肠等，以及多器官联合移植属于实体器官移植。

244. 什么是供者或供体

提供移植物的个体被称为供者或供体（donor）。

245. 什么是受者或受体

接受移植物的个体被称为受者或受体（recipient）。

246. 什么是同系移植或同基因移植

指两者基因完全相同例如同卵双生间的异体移植。移植后不会发生排斥反应。

247. 什么是同种异体移植

指种系相同而基因不同，如人与人之间的移植。移植后会发生排斥反应。

248. 什么是异种移植

指不同种之间的移植，如人与狒狒之间的移植。移植后会引起强烈的排斥反应。

249. 器官移植根据供体是否存活可怎么分类

可分为尸体供体移植和活体供体移植。

250. 什么是亲属活体供体移植

当活体供体与受体之间有血缘关系时称之为亲属活体供体移植。

251. 器官移植中经常听到“免疫耐受”这个概念，什么是免疫耐受

免疫耐受（immunologic tolerance）是指免疫活性细胞接触抗原性物质时所表现的一种异性的无应答状态（a state of specific unresponsiveness）。

252. 免疫耐受在器官移植等方面有什么临床意义

免疫耐受的诱导、维持和破坏影响着许多临床疾病的发生、发展和转归。人们企图诱导和维持免疫耐受性来防治超敏性疾病、自身免疫性疾病以及移植物的排斥反应。某些感染性疾病以及肿瘤生长过程中，设法解除免疫耐受、激发免疫应答将有利于对病原体的清除及肿瘤的控制。器官移植中同种异体免疫排斥现象是器官移植中主要存在的问题。免疫抑制疗法上的进步有利于延长移植物存活，但非特异抑制所带来的副作用仍有待解决。

253. 当器官或组织被摘取时，捐献器官或组织者是否会感觉到疼痛

不会。DCD心脏死亡器官捐献者在摘取器官时，是已经确定捐献者心搏呼吸停止即已死亡。当人死亡时，不会再有任何疼痛感觉。

254. 什么是排斥反应

排斥反应（rejection）是指受体免疫系统识别移植物同种异体抗原而引起的一系列免疫反应，最终可导致移植物结构破坏和功能丧失。根据排斥反应的发生机制、发生时间、病理特点和临床表现的不同，可分为超急性排斥反应（hyperacute rejection）、加速性排斥反应（accelerated rejection）、急性排斥反应（acute rejection）和慢性排斥反应（chronic rejection）。

255. 什么是组织相容性抗原

组织相容性抗原（histocopatibility complex）是指引起移植排斥反应的抗原，又称移植抗原，其生物学功能涉及免疫系统发育、分化，自身免疫耐受状态形成，外来抗原识别、免疫活化和免疫反应调节等多个方面，“组织相容性”是一直沿用的历史名词。根据抗原性强弱和引起移植排斥反应的特点不同，分为主要组织相容性抗原复合物（major histocopatibility complex，MHC）和次要组织相容性抗原（minor histocopatibility antigen，MHA）。

256. 器官移植的禁忌证有哪些

主要有：①消化性溃疡。②感染：全身性或活动性感染。③糖尿病：现已列为相对禁忌。④凝血功能异常。⑤严重的血管病变。⑥恶性肿瘤。⑦精神病及急性药瘾者。⑧再次移植。

257. 移植器官的保存原则

（1）低温保存。如器官温度由体温降至0 ℃时代谢率降低为原来的1/12～1/13，单纯低温全血可保存肾功能12 h。

（2）选择合适的器官保存液。例如最初的Collins液和其后各种改良型Collins液、UW液、乳酸林格白蛋白液（Hartmann液）等。

（3）尽可能减轻移植器官的缺血再灌注损伤。

258. 器官移植捐献中提到的人类白细胞抗原是什么

人类白细胞抗原（human leucocyte antigen，HLA）是指集中在人类白细胞膜上的主要组织相容性抗原。在组织或器官移植中，供者与受者之间相容（不排斥）还是不相容（排斥）都是由它们组织特异性所决定的。这种代表个体特异性的组织抗原称组织相容性抗原，一套这样的抗原系统称主要组织相容性系统

（major histocompatibility system，MHS）。编码MHS的基因群称为主要组织相容性复合物MHC即指某一染色体上一群紧密连锁的基因群。人的MHC就称HLA。

259. 什么是联合移植

指一次移植两个器官的手术，如心肺联合移植。

260. 什么是多器官移植

指同时移植3个以上器官的手术。

261. 什么是器官簇移植

移植多个腹部脏器（如肝、胃、胰、十二指肠、上段空肠）时，这些器官仅有一个总的血管蒂，移植时只需吻合动、静脉主干。

262. 什么是移植耐受

实现移植物特异性免疫无损伤的同时又能完整保留受体免疫系统的全部功能，这就是移植耐受。

263. 移植耐受有哪些特点

主要有：①对供体特异性抗原长期维持免疫无损伤；②对其他抗原可产生正常的免疫反应；③无需采用现行的免疫抑制方案。

264. 移植排斥的本质是什么

其本质是一种受体对供体特异性的免疫反应。若供体、受体之间抗原无差异或无不相符，则供体、受体双方能相互接受无排斥反应。相反，供、受体双方互不接受。

265. 移植抗原分哪几类

分3类，包括主要组织相容性复合物（major histocompatibility complex，MHC）；次要组织相容性抗原（minor histocompatibility antigen，MHA）；内皮糖蛋白（endothelial glycoproteins），如ABO血型抗原（blood-group antigens）。

266. 目前治疗急性排斥反应的方案有哪些

治疗急性排斥反应分为基础治疗和挽救治疗两种方案。

267. 什么是急性排斥反应的基础治疗

基础治疗是从开通移植物血流后即开始使用较大剂量的免疫抑制药，随后逐渐调整到适当的血液药物浓度以预防急性排斥反应的发生。

268. 什么是急性排斥反应的挽救治疗

挽救治疗则是在发生急性排斥反应时，加大免疫抑制剂用量或调整免疫抑制方案，以逆转排斥反应。

269. 免疫抑制治疗的理想方案有什么要求

既能保证移植物不被排斥，有对受体免疫系统影响最小和毒副作用最少。

270. 有丙型肝炎的人可否申请器官捐献

可以。器官移植供体采用乙型、丙型肝炎病毒感染者，吸毒者，有糖尿病和胰腺炎病史者的器官应慎重。有丙型肝炎病史供体的肾可用于曾患丙型肝炎的受体。

271. 获得器官的过程是什么

获得器官的过程主要包括切开探查、原位灌注、切取器官、保存器官和运送。

272. 肾移植的适应证有哪些

主要是慢性肾小球肾炎（70%），其次是慢性肾盂肾炎、多囊肾、糖尿病性肾病、间质性肾炎和自身免疫性肾病等进展到慢性肾衰竭尿毒症期。

273. 肾移植术式

肾移植术式已定型：移植肾放在腹膜后的髂窝，肾动脉与髂内或髂外动脉吻合，肾静脉与髂外静脉吻合，输尿管经过一段膀胱浆肌层形成的短隧道与膀胱黏膜吻合，以防止尿液回流。

274. 肝移植的适应证有哪些

原则上为进行性、不可逆性和致死性终末期肝病无其他有效的治疗方法者，包括肝的良性病变和恶性肿瘤。良性病变有先天性胆管闭锁、肝豆状核变性、α-1抗胰蛋白酶缺乏症、糖原累积症、血红蛋白沉积症、多发性肝腺瘤病、巨大肝血管瘤病、多囊肝、病毒性和酒精性肝硬化、暴发性肝功能衰竭、难复性肝外伤等。恶性病变主要为早期原发性肝癌。

275. 肝移植手术方式有哪些

标准术式为原位肝移植（orthotopic liver transplantation）和背驮式肝移植（piggyback liver transplantation）。此外还有减体积肝移植（reduced-size liver transplantation）、劈离式肝移植（split-liver transplantation）、活体亲属供肝移植（living-related liver transplantation）、异位辅助肝移植（heterotopic and auxiliary liver）等。

276. 小肠移植适应证

目前主要适应证是各种病因导致小肠广泛切除引起的短肠综合征，且不能很好耐受营养支持者。

277. 肺移植适应证

终末期肺病如肺气肿、肺纤维化、肺囊性纤维化、支气管扩张症等，不适于药物或其他手术治疗或治疗失败者。

278. 心脏移植适应证

经内科治疗无效的广泛心肌不可逆性损害如扩张型心肌病、冠心病和瓣膜病，或先天性复杂性心脏畸形不适合外科手术矫正或矫正术无效者。

279. 胰腺移植适应证

胰腺移植虽是治疗1型糖尿病的有效方法，可望改善甚至部分逆转糖尿病肾病、糖尿病引起的心血管疾病和周围血管疾病等并发症。但由于胰腺移植后长期应用免疫抑制剂可能引起某些难以接受的副作用，临床上一般仅对晚期糖尿病患者尤其是并发尿毒症时才选择做胰腺移植或胰、肾联合移植。少数2型糖尿病因血糖难以控制或出现明显的糖尿病并发症，或由于各种原因（外伤或肿瘤）做全胰腺切除术后，也可考虑做胰腺移植。

280. 什么人可以作为活体器官移植的受者

活体器官的接受人限于活体器官捐献人的配偶、直系血亲或者三代以内旁系血亲，或者有证据证明与活体器官捐献人存在因帮扶等形成亲情关系的人员。

281. 除了国家颁布的《人体器官移植条例》，各地区有无相关地方性的法律法规

有些省市有。例如，深圳根据当地情况，于2003年8月22日深圳市第三届人民代表大会常务委员会第二十六次会议通过了《深圳经济特区人体器官捐献移植条例》。

282. 《深圳经济特区人体器官捐献移植条例》

颁布的目的是什么

为恢复人体器官功能或者挽救生命，规范人体器官捐献移植行为，保障人体器官捐献者和接受人体器官移植者的合法权益，根据法律、行政法规的基本原则，制定本条例。

283. 《深圳经济特区人体器官捐献移植条例》适用范围

本条例适用于人体器官（人体组织）的捐献移植活动，但下列人体组织除外：①血液及其制品；②精子、卵子；③胚胎；④法律、法规另有规定的。

284. 《深圳经济特区人体器官捐献移植条例》中规定捐献人体器官需遵循什么原则

实行自愿、无偿的原则，禁止以任何方式买卖人体器官。

285. 《深圳经济特区人体器官捐献移植条例》中规定移植人体器官需遵循什么原则

移植人体器官实行公正、公平的原则。该条例鼓励个人身后捐献人体器官。

286. 《深圳经济特区人体器官捐献移植条例》从什么时候开始施行

自2003年10月1日起施行。

287. 从事人体器官移植的医疗机构及其医务人员摘取活体器官前，应当履行哪些义务

《人体器官移植条例》明确规定，应履行以下义务：

（1）向活体器官捐献人说明器官摘取手术的风险、术后注意事项、可能发生的并发症及其预防措施等，并与活体器官捐献人签署知情同意书。

（2）查验活体器官捐献人同意捐献其器官的书面意愿、活体器官捐献人与接受人存在本条例第十条规定关系的证明材料。

（3）确认除摘取器官产生的直接后果外不会损害活体器官捐献人其他正常的生理功能。

从事人体器官移植的医疗机构应当保存活体器官捐献人的医学资料，并进行随访。

288. 心脏死亡器官捐献者被摘取器官后会被缝合或恢复尸体原貌吗

《人体器官移植条例》规定，从事人体器官移植的医疗机构及其医务人员应当尊重死者的尊严，对摘取器官完毕的尸体，应当进行符合伦理原则的医学处理，除用于移植的器官以外，应当恢复尸体原貌。

289. 从事人体器官移植的医疗机构实施人体器官移植手术后，需向接受人收取摘取和移入人体器官的手术费吗

需要。《人体器官移植条例》中规定该项手术费是要向接受人收取的。

290. 从事人体器官移植的医疗机构实施人体器官移植手术后，需向接受人收取保存和运送人体器官的费用吗

需要。《人体器官移植条例》中规定该项费用是要向接受人收取的。

291. 从事人体器官移植的医疗机构实施人体器官移植手术后，需向接受人收取摘取、植入人体器官所发生的药费、检验费、医用

耗材费吗

需要。《人体器官移植条例》中规定该项费用是要向接受人收取的。

292. 从事人体器官移植的医疗机构实施人体器官移植手术，不得收取或者变相收取所移植人体器官的费用，但可以按规定向接受人收取哪些费用

（1）摘取和植入人体器官的手术费。

（2）保存和运送人体器官的费用。

（3）摘取、植入人体器官所发生的药费、检验费、医用耗材费。

293. 从事人体器官移植的医务人员能否透露人体器官捐献人的个人资料

《人体器官移植条例》规定从事人体器官移植的医务人员应当对人体器官捐献人、接受人和申请人体器官移植手术的患者的个人资料保密。

294. 从事人体器官移植的医务人员能否透露接受和申请人体器官移植手术患者的个人资料

《人体器官移植条例》规定从事人体器官移植的医务人员应当对人体器官捐献人、接受人和申请人体器官移植手术的患者的个人资料保密。

295. 从事人体器官移植的医务人员违反《人体器官移植条例》规定，泄露人体器官捐献人、接受人或者申请人体器官移植手术患者个人资料的，应如何处罚

依照《执业医师法》或者国家有关护士管理的规定予以处罚。

296. 违反《人体器官移植条例》规定，有怎样情节并构成犯罪的，应依法追究刑事责任

（1）未经公民本人同意摘取其活体器官的。

（2）公民生前表示不同意捐献其人体器官而摘取其尸体器官的。

（3）摘取未满18周岁公民的活体器官的。

297. 违反《人体器官移植条例》，从事买卖人体器官或者从事与买卖人体器官有关活动的，由什么部门处罚？如何处罚

由设区的市级以上地方人民政府卫生主管部门依照职责分工没收违法所得，并处交易额8倍以上10倍以下的罚款。

298. 医疗机构违反《人体器官移植条例》，参与买卖人体器官或者从事与买卖人体器官有关活动的将受到什么处罚

应当对负有责任的主管人员和其他直接责任人员依法给予处分，并由原登记部门撤销该医疗机构人体器官移植诊疗科目登记，该医疗机构3年内不得再申请人体器官移植诊疗科目登记。

299. 医务人员违反《人体器官移植条例》，参与买卖人体器官或者从事与买卖人体器官有关活动的将受到什么处罚

由原发证部门吊销其执业证书。

300. 国家工作人员违反《人体器官移植条

例》，参与买卖人体器官或者从事与买卖人体器官有关活动的将受到什么处罚

国家工作人员参与买卖人体器官或者从事与买卖人体器官有关活动的，由有关国家机关依据职权依法给予撤职、开除的处分。

301. 医疗机构未办理人体器官移植诊疗科目登记，擅自从事人体器官移植的会受到何种处罚

依照《医疗机构管理条例》的规定予以处罚。

302. 对于实施人体器官移植手术的医疗机构及其医务人员违反《人体器官移植条例》规定，未对人体器官捐献人进行医学检查或者未采取措施，导致接受人因人体器官移植手术感染疾病的如何处罚

依照《医疗事故处理条例》的规定予以处罚。

303. 医务人员有哪些情形，要依法给予处分；情节严重的，由县级以上地方人民政府卫生主管部门依照职责分工暂停其6个月以上1年以下执业活动；情节特别严重的，由原发证部门吊销其执业证书

（1）未经人体器官移植技术临床应用与伦理委员会审查同意摘取人体器官的。

（2）摘取活体器官前未依照本条例第十九条的规定履行说明、查验、确认义务的。

（3）对摘取器官完毕的尸体未进行符合伦理原则的医学处理，恢复尸体原貌的。

304. 从事人体器官移植的医务人员参与尸体器官捐献人的死亡判定的，将会受到什么处罚

由县级以上地方人民政府卫生主管部门依照职责分工暂停其6个月以上1年以下执业活动；情节严重的，由原发证部门吊销其执业证书。

305. 国家机关工作人员在人体器官移植监督管理工作中滥用职权、玩忽职守、徇私舞弊，将会受到什么处罚

构成犯罪的，依法追究刑事责任；尚不构成犯罪的，依法给予处分。

306. 从事人体器官移植的医务人员可否参与捐献人的死亡判定

坚决不可以。

307. 医生应在何时提出摘取人体器官审查申请

在心脏死亡器官捐献人死亡前，负责人体器官移植的执业医师应当向所在医疗机构的人体器官移植技术临床应用与伦理委员会提出摘取人体器官审查申请。

308. 人体器官移植技术临床应用与伦理委员会不同意摘取人体器官的，医疗机构可否根据实际情况摘取人体器官

人体器官移植技术临床应用与伦理委员会不同意摘取人体器官的，医疗机构不得作出摘取人体器官的决定，医务人员不得摘取人体器官。

309. 医疗机构及其医务人员从事人体器官移

植，应当遵守什么原则或规范

应遵守伦理原则和人体器官移植技术管理规范。

310. 哪个组织需定期组织专家对医疗机构的人体器官移植临床应用能力进行评估

省级以上人民政府卫生主管部门应当定期组织专家对医疗机构的人体器官移植临床应用能力进行评估。

311. 省级以上人民政府卫生主管部门应当定期组织专家根据哪些指标对医疗机构的人体器官移植临床应用能力进行评估

根据人体器官移植手术成功率、植入的人体器官和术后患者的长期存活率，对医疗机构的人体器官移植临床应用能力进行评估，并及时公布评估结果。

312. 卫生主管部门对医疗机构的人体器官移植临床应用能力定期评估不合格者会作何处罚

对评估不合格的，由原登记部门撤销人体器官移植诊疗科目登记。具体办法由国务院卫生主管部门制定。

313. 医疗机构从事人体器官移植，应当具备哪些条件

（1）有与从事人体器官移植相适应的职业医师和其他医务人员。

（2）有满足人体器官移植所需要的设备、设施。

（3）有由医学、法学、伦理学等方面专家组成的人体器官移植技术临床应用与伦理委员会，该委员会中从事人体器官移植的医学专家不超过委员人数的1/4。

（4）有完善的人体器官移植质量监控等管理制度。

314. 广东省器官捐献试点的情况如何

广东省卫生厅有关负责人表示，根据《卫生部办公厅关于启动心脏死亡捐献器官移植试点工作的通知》的要求，确定广东省人民医院等14 家医院为心脏死亡捐献肝脏移植试点医院；中山大学附属第二医院等10 家医院为心脏死亡捐献肾脏移植试点医院，中山大学附属第二医院等 4家医院为心脏死亡捐献心脏移植试点医院，中山大学附属第一医院等 2 家医院为心脏死亡捐献肺脏移植试点医院。

315. 移植器官来源经历了哪几个阶段

异种动物、死刑遗体、亲属活体、脑死亡供体、亲属活体+非亲属活体、心死亡供体、多种来源这7个不同的历史阶段。

316. 新加坡器官捐献是什么模式

新加坡推论同意捐献模式：逝世后不愿意成为器官捐献者的公民必须到政府指定的部门填表、登记、注册，否则一律视为“同意在逝世后捐献器官的自愿者”。

317. 伊朗是如何成为全世界唯一一个没有移植等待者名单的国家

伊朗国有化非亲属活体器官买卖模式主要包括以下内容：①专业医师评估患者是否需要移植；②由移植患者和肾透析协会组成的专门机构负责匹配患者和“捐献者”；③“捐献者”获得大约1 200美金的一次性补偿，另加一份一定时限的生命保险和健康保险；④捐献者可长期接受特设“捐献者门诊”随访和随诊；⑤最重要的是允许供、受者见面，其他条件如现金交易，可直接面议（可以议价，但没有中介剥削）。这样，伊朗成为全世界唯一一个没有移植等待者名单的国家。然而这一模式无法被其他国家接受和复制的主要原因为上述第③条，该条有违“人体器官不许买卖”这一人类基本伦理、道德和尊严的底线；而正是第⑤条才是所谓“伊朗”模式“成功”的秘诀。

318. 听说法国禁止非亲属活体移植，是这样吗

法国行业医师学会集体抵制活体移植，尤其是非亲属活体移植，而力推公民逝世后器官捐献；认为这样才能回归到医学“无害至上论”的人文精神的本质。1994年后，法国已明确停止任何形式的非亲属活体移植。目前亲属活体肾移植数很少；亲属活体肝移植数几乎降到零。

319. 有没有国家禁止心脏死亡器官捐献而只承认脑死亡器官捐献

德国就是这种模式。

320. 全世界唯一一个由红十字会负责器官捐献的国家是哪个

泰国。虽然已经运作了多年，有一定的经验，但很遗憾，该模式下成功器官捐献率极低。

321. 供、受者间医疗利益的主要冲突是什么

供、受者间医疗利益的主要冲突在于宣告供者死亡前是否应对其施加与移植相关的医疗干预，以及心脏停搏之后、器官获取之前的强制等待时间应为多少合适。

322. DCD器官捐献应遵循的原则是什么

（1）只有供者死亡后，才可获取器官。

（2）不能为了受者手术质量而伤害供者利益。

（3）在切取器官前必须告知家属并征得其同意。

323. DCD肝移植国内外所占比例情况如何

据2007年美国器官获取移植网络/移植受者科学注册年度报告显示：截至2006年底，美国肝移植总数为35 598例，其中DCD肝移植为1 007例，仅占肝移植总数的2.8%。在我国，DCD肝移植占了绝对优势。据中国肝移植注册年度报告显示：截至2006年底，我国肝移植总数为7 442例，其中DCD肝移植为7 265例，占总数的97.6%。

324. 目前国际上判断捐献者死亡标准有哪些

目前国际上的两种死亡标准包括以心脏停止跳动为标准的心脏死亡和以中枢性自主呼吸停止为主要标准的脑死亡。

325. 国际上器官捐献的主要来源是什么

在国际器官移植领域，脑死亡器官捐献移植一直是最主要的器官来源。

326. 为确定循环停止的不可逆性或永久性，还有一个绝对观察期，各移植中心观察期长短是否一样

不一样。在美国为2 min，我国为2 ~ 5 min。这是因为设立绝对观察期过短不足以界定死亡状态的不可逆性，而等待时间过长，随着器官热缺血时间的延长，移植器官的废弃率会增加。因此，目前各移植中心采取的监测等待时间并不相同，如2 min、5 min或10 ~ 15 min。

327. 我国台湾的“二元死亡标准”是怎样的

我国台湾地区的“二元死亡标准”体现了较大的灵活性。其条例一方面依旧坚持心死亡作为判断人死亡的基本标准，但同时又不否认脑死亡的标准，而将脑死亡标准作为心死亡标准的辅助标准。

328. 无心搏供者可见于哪些情况

心肺复苏失败、放弃继续行人工呼吸等抢救、病情恶化使呼吸循环的人工维持不能继续、人工呼吸期间发生意外、窒息实验致心搏骤停等。

329. DCD供者的利用主要存在哪些问题

一是需熟练快速的器官切取技术，以尽快结束热缺血损害；二是原发病的呼吸循环不良以及心搏停止后造成的器官损伤，可能导致移植后移植物功能不良，并可增加并发症的发生率，长期存活也会受到影响。

330. 心搏停止多久切取和冷灌注的器官是可利用的

现在的快速多器官切取技术已较完善，一般认为在心搏停止45 min以内切取和冷灌注的器官是可以利用的。

331. 不同器官对缺血的敏感性相同吗

不同器官对缺血的敏感性不同。据报道，肾对缺血损伤耐受力较强，而肝则较差。

332. 各种原因导致的新鲜死胎儿能否器官捐献

可成为DCD供者。我国在利用新鲜死胎作为供体的各种胎儿器官移植的研究及临床方面，在世界上属领先水平，是我国器官移植的特色之一。

333. 新鲜死胎儿的哪些器官移植效果好

已报道的整个器官移植主要有胎肾、胎胰、胎甲状腺及甲状旁腺等，均有较好的移植效果。

334. 胚胎器官的组织及细胞是否可移植

可以。常见的有胰岛、肝、脾等的组织及细胞移植。

335. 什么是无脑儿

无脑儿是一种严重的先天性畸形，表现为颅骨及大脑缺失，但后脑仍存在，绝无可能存活或生长。出生时约有一半存活，但在24 h内存货的无脑儿约一半死亡，在1周内98%死亡，在2周内100%死亡。

336. 无脑儿可否作为器官移植供体

由于无脑儿的后脑、脑干及脊髓等均存活，故存活的无脑儿会有自主呼吸，也正是由于此原因，无脑儿不符合脑死亡标准。美国有些洲不认为无脑儿是死者，故禁止利用无脑儿作为供者。不过大多数国家和地区明确规定无脑儿即是死胎，无论其有无呼吸、心搏存在。

337. 如何准确诊断无脑儿

B超是诊断无脑儿最准确的方法。

338. 出生前诊断为无脑儿者何时获取所需移植器官

B超诊断明确后，可引产或待自然产，产后即可尽快切取所需移植的器官。

339. 无脑儿及死胎作为供者有何优点

（1）增加一定的器官来源。

（2）为婴幼儿受者提供了体积合适的器官。

（3）胚胎组织抗原性弱，可能不易引起排斥。

（4）可为超敏体质（长期淋巴细胞毒交叉配合试验阳性）患者提供交叉配合阴性的器官。

340. 持续的植物人状态可否器官捐献

按目前的医学标准、法规和伦理观，是不可以的。

341. 为什么持续的植物人状态不可作为器官供者

（1）持续性植物状态人的脑干以下仍存活，有正常的呼吸、循环功能，可长期存活，因而不符合脑死亡的标准（尽管大脑可能已死亡）。

（2）偶有沉睡昏迷很久后清醒的报道。

342. DCD可控制型和不可控制型有什么区别

DCD分为可控制型和不可控制型。前者指器官切取小组有计划地撤掉生命支持治疗设备，供者循环骤停，开始获取器官，它的特点是器官损伤较小，移植受者远期预后与DBD的无差异；后者指心肺复苏失败，心脏骤停在不可控制的情况下发生，或者供者在前往医院途中死亡，该型特点为供者器官热缺血时间长、移植物远期预后较差、移植后并发症发生率高。

343. DCD器官移植全球发展如何

国际DCD器官移植呈现不均衡状态，各国的立法、伦理道德、文化背景以及社会文明的发展层次均全方位地制约着每个国家DCD器官移植的发展。这种差异性在欧洲最为显著，如在英国、荷兰和瑞士DCD得到了政府立法支持；而德国立法禁止DBD以外的任何器官获取行为；法国和西班牙立法禁止可控制型DCD器官移植。

344. 国际DCD研讨会主要关注和解决的重点是什么

为了推动DCD器官移植更科学合理的发展，并进一步提高DCD器官移植的效果，2005年国际DCD研讨会重点关注以下6个方面：心肺死亡判断标准的优化；预测DCD撤除生命支持治疗系统的医学标准研究；DCD器官获取、保护和移植的研究；发展和拓宽DCD供者服务领域；DCD器官移植合理分配的研究；公众和社会对DCD捐献认可和推广。

345. 脑死亡的概念是什么时候首次提出来的

1959 年法国学者Mollaret 和Goulon 首次提出脑死亡的概念。

346. 什么是脑死亡

脑死亡是以中枢性自主呼吸完全停止为首要特征，包括大脑、小脑和脑干在内的全脑死亡，脑功能永久性不可逆的完全丧失。即使有心脏跳动和脑以外的体循环及脊髓等以外器官功能继续存在，也可宣告个体死亡。

347. 确认脑死亡的标准是什么

要确认脑死亡有一系列的临床和实验室标准并由医学专业人员现场进行诊断。国际上通用的是哈佛标准、明尼苏达标准、法国Mollaret标准、墨西哥标准、加拿大脑死亡诊断标准等。其他西方国家的脑死亡判定标准也都是以哈佛标准和明尼苏达标准为基础制定的。

348. 脑死亡的判定标准是什么时候首次提出的

1968年美国哈佛医学院首先提出。

349. 全世界脑死亡标准的认可情况

全世界已经有100多个国家承认脑死亡标准，其中，美国、英国、日本等89个国家正式立法。

350. 植物人和脑死亡一样吗

脑死亡有别于植物人。植物人脑干功能存在，昏迷只是由于大脑皮层受到严重损害或处于突然抑制状态，患者可以有自主呼吸、心搏和脑干反应，而脑死亡则无自主呼吸，是永久、不可逆性的。

351. 人脑由哪些部分组成

人脑是由延髓、脑桥、中脑、小脑、间脑和端脑等6个部分组成，延髓、脑桥和中脑合称脑干。

352. 人的呼吸中枢位于哪里

人体的呼吸中枢位于脑干，因此脑干功能受损会直接导致呼吸功能停止。

353. 大脑神经细胞一旦受到伤害，能否恢复功能

人体一些部位的细胞在受到伤害后可以通过再生来恢复功能，而神经细胞则不同，一旦坏死就无法再生。

354. 人脑干受到无法复原的伤害后，呼吸会停止吗

当一个人的脑干遭受无法复原的伤害时，脑干就会永久性完全丧失功能，以致呼吸功能不可逆的丧失。随后，身体的其他器官和组织也会因为没有氧气供应，而逐渐丧失功能。

355. 脑死亡标准与心脏死亡标准相比，是否更科学

不少国家过去一直把“心搏停止”和“呼吸消失”作为死亡的标准。但随着医学科技的发展，患者的心搏、呼吸、血压等生命体征都可以通过一系列药物和先进设备加以逆转或长期维持。但是如果脑干发生结构性破坏，无论采取何种医疗手段均无法挽救患者生命。因此，与心脏死亡相比，脑死亡显得更为科学，标准更可靠。

356. 医生若要宣布患者脑死亡，必须要有引起大脑损伤的证据，而且要排除哪些可逆性昏迷的原因

如急性中毒（一氧化碳中毒、镇静安眠药、麻醉药、精神药物、肌肉松弛剂等）、低温（肛温32℃）、严重电解质及酸碱平衡紊乱、代谢及内分泌障碍（如肝性脑病、尿毒症脑病、非酮性高血糖脑病）及休克等。

357. 脑死亡如何分类

脑死亡分为原发性脑死亡和继发性脑死亡。

358. 什么是原发性脑死亡

原发性脑死亡是由原发性脑疾病或损伤引起的脑死亡。

359. 什么是继发性脑死亡

继发性脑死亡是由心、肺等脑外器官的原发性疾病或损伤致脑缺氧或代谢障碍所致的脑死亡。

360. 脑死亡的基本原因是什么

脑死亡的基本原因是脑组织的严重损伤、出血、炎症、肿瘤、脑水肿、脑压迫、脑疝或继发于心肺功能障碍。

361. 脑死亡的哈佛标准是什么

1968年哈佛委员会在美国医学会杂志上发表一篇题为《不可逆性昏迷的定义》的文章，首次对不能存活的昏迷患者的神经学征象进行定义。神经病学上脑死亡的哈佛标准（表1），特别强调对任何外界刺激无反应（如疼痛、压迫气管、刺激咽后壁），无任何类型自主呼吸活动以及无任何反射活动。此标准必须排除低体温和中枢抑制剂的作用，并且24 h之后，重新进行临床和脑电图（EEG）监测，结果无变化，则可作出判定。

表1　脑死亡的哈佛标准

项目	包含内容
1. 对外界的刺激反应消失	意识完全消失； 对强疼痛刺激无反应
2. 呼吸消失	观察至少1 h无呼吸； 呼吸室内空气至少10 min，脱离呼吸机3 min后无呼吸
3. 反射消失	激发反射消失； 瞳孔固定、散大，对光反射消失； 眨眼消失； 头部转动时无眼球运动； 角膜反射和咽反射消失； 无姿势改变
4. 脑电活动消失	脑电波成一直线或等电位线

362. 哈佛标准中所强调的对任何外界刺激无反应是指哪些刺激

例如疼痛、压迫气管、刺激咽后壁等。

363. 低体温能否影响哈佛标准对脑死亡的判定

哈佛标准明确规定必须排除低体温和中枢抑制剂的作用。

364. 中枢抑制剂的作用能否影响哈佛标准对脑死亡的判定

哈佛标准明确规定必须排除低体温和中枢抑制剂的作用。

365. 哈佛标准是一次性判定脑死亡还是需重复几次才可判定脑死亡

哈佛标准第一次判定脑死亡后，需在24 h之后，重新进行临床和EEG监测，结果无变化，才可作出最终判定。

366. 脑死亡的哈佛标准中“对外界的刺激反应消失”的判定包含哪些内容

意识完全消失；对强疼痛刺激无反应。

367. 脑死亡的哈佛标准中“呼吸消失”的判定包含哪些内容

观察至少1 h无呼吸；呼吸室内空气至少10 min，脱离呼吸机3 min后无呼吸。

368. 脑死亡的哈佛标准中“反射消失”的判定包含哪些内容

激发反射消失；瞳孔固定、散大，对光反射消失；眨眼消失；头部转动时无眼球运动；角膜反射和咽反射消失；无姿势改变。

369. 脑死亡的哈佛标准中“脑电活动消失”的判定具体指什么

脑电波成一直线或等电位线。

370. 脑死亡与安乐死一样吗

不一样。很多人把脑死亡与安乐死混为一谈，不清楚两者是生命自主权的根本不同。事实上，这两者之间的区别泾渭分明。通俗地说，安乐死是对于生者而言的，是其为结束不堪忍受的痛苦，而作出终结自己生命的选择；脑死亡不存在选择，因为脑死亡就是死亡，此时其本身已经处于死亡的一种状态之下。

371. 明尼苏达标准是怎样的

有学者认为哈佛标准中的临床判定过于严格，不利于实际操作，并且发现哈佛标准（脑干标准）判定的死者仍存在某些脊髓反射，出具的证据为颈部肌群的顿挫反射。因此，脊髓反射的出现（无论是频繁顿挫还是偶尔发生）也预示着脑干死亡。于是提出了“明尼苏达标准”。该标准取消了“脊髓反射消失”，并将EEG由必做的检测改为可选做的确证实验。明尼苏达标准规定：自主运动消失；自主呼吸停止；脑干反射消失；确认其病理损伤不可逆。12 h后复查，结果无变化，则可作出判定。

372. 加拿大脑死亡标准

加拿大于1968年颁布了患者脑死亡的判定标准。经过修正，目前脑死亡判定标准包括：①明确脑死亡的原因；②深昏迷无任何类型的协调运动和对疼痛刺激无反应；③脑干反射消失；④自主呼吸消失。

373. 脑死亡的病因学诊断内容

脑死亡的病因诊断，需排除潜在的可逆性情况（如药物中毒，特别是巴比妥类、镇静药、催眠药中毒，代谢紊乱，低温，休克，由于疾病或神经阻滞药引起的外周神经或肌肉功能丧失）。

374. 如何判断自主呼吸消失

自主呼吸消失是确认脑死亡最困难的方面之一，对呼吸支持的患者临床上进行观察，需停止呼吸支持5 ~ 10 min，结果导致患者缺氧和呼吸性酸中毒的加重，升高颅内压，甚至使可逆性脑损伤转变为不可逆性损伤。

375. 如何判断脑干发射消失

脑干反射消失包括瞳孔对光反射、角膜反射、眼前庭反射、压迫气管、刺激咽喉的呕吐反射等均消失。

376. 影响脑死亡判定的因素有哪些

影响判定脑死亡检查结果的因素很多，主要有创伤、解剖因素、低温、药物中毒及昏迷后的代谢和内分泌改变，以及将成年人的标准应用于小儿。

377. 脑死亡、死亡和植物人三者之间的关系

脑死亡＝死亡；脑死亡≠植物人。

378. 低体温如何影响脑死亡的判定

临床上早已发现深低温可导致正常神经学征象丧失，其表现类似于脑死亡的神经学标准。深低温时脑电波也可能表现为一直线。临床上某些已被判定的脑死亡升高体温后，其脑抑制状态完全逆转过来。因此加拿大神经学会规定在中心体温32℃以上为应用脑死亡判定标准。

379. 哪些解剖因素可影响脑死亡的判定

眼外伤或前房手术后可能影响瞳孔反射。人工眼球、晶体、贝尔麻痹（面神经瘫痪）可能影响角膜反射。中耳损伤或颈髓损伤可能影响眼前庭反射。影响运动神经的疾病或损伤可能妨碍对疼痛刺激的运动反射和呼吸暂停试验。

380. 眼外伤或前房手术后会不会影响脑死亡的判定

可能会影响。眼外伤或前房手术后可能影响瞳孔反射，进而影响脑死亡的判定。

381. 人工眼球或晶体会不会影响脑死亡的判定

可能会。人工眼球或晶体可能影响瞳孔反射，进而影响脑死亡的判定。

382. 面神经瘫痪会不会影响脑死亡的判定

可能会。面神经瘫痪可能影响瞳孔反射，进而影响脑死亡的判定。

383. 中耳损伤或颈髓损伤可否会影响脑死亡的判定

可能会。中耳损伤或颈髓损伤可能影响眼前庭反射，进而影响脑死亡的判定。

384. 影响运动神经的疾病或损伤可否会影响脑死亡的判定

可能会。因为该类疾病或损伤可能妨碍对疼痛刺激的运动反射和呼吸暂停试验。

385. 脑死亡器官捐献有什么社会意义

脑死亡是以中枢性自主呼吸完全停止为首要特征，包括大脑、小脑和脑干在内的全脑死亡，脑功能永久性不可逆的完全丧失。当一个人脑死亡时，其脑干已永久性完全丧失功能，以致呼吸功能不可逆的丧失。随后，身体的其他器官和组织也会因为没有氧气供应，而逐渐丧失功能。我国现在用世界上1%的卫生资源为22%以上的人服务，因此，花费巨大的人力、物力来抢救一个脑死亡患者是不值得的，ICU患者的费用是普通患者的4倍，而在ICU抢救无效死亡的患者费用又是抢救成活患者的2倍，这种脑死亡后毫无意义的抢救及安慰式的救治给家庭带来沉重的经济负担和造成大量的医疗资源浪费。目前我国医疗资源比较短缺，把资源留给一些真正需要的患者，脑死亡判定后就放弃治疗，可减轻家庭负担、造福社会，意义更加重大。

386. 中华人民共和国卫生部脑死亡判定标准（成人）（征求意见稿）内容是什么

（1）先决条件：①昏迷原因明确；②排除各种原因的可逆

性昏迷。

（2）临床判定：①深昏迷；②脑干反射全部消失；③无自主呼吸（靠呼吸机维持，自主呼吸诱发试验证实无自主呼吸）。以上3项必须全部具备。

（3）确认试验：①脑电图（EEG）呈电静息；②经颅多普勒超声（TCD）无脑血流灌注现象；③体感诱发电位P14以上波形消失。以上3项中至少有1项阳性。

（4）脑死亡观察时间：首次判定后观察12 h，复查无变化方可最后判定为脑死亡。

387. 我国脑死亡有无立法

目前，我国脑死亡尚未立法。使得脑死亡的判定和相应器官移植的进行没有得到任何法律保护，也不符合目前的医疗常规，可见法律的规范化已经滞后于医学科学的发展。

388. 我国迫切需要脑死亡立法的目的是什么

我国很有必要尽快颁布“脑死亡法”，一方面对脑死亡进行明确的界定，制定统一判定标准；另一方面使这种医疗行为和常规受到法律的保障。

389. 如何计算原发性脑死亡者中器官捐赠自愿者的人数

可用如下公式：年实际捐赠人数＝全国某年人口总数×原发性脑死亡发生率×自愿捐赠者在原发性脑死亡人口中的比例×K常数（K常数为捐赠概率，表示1名自愿捐赠者发生脑死亡后能够成功捐出器官的概率。因为自愿捐赠者只有在具有诊断脑死亡资格的医院中死亡，才有可能接受脑死亡判定，并且其自身条件符合器官捐赠要求，而且正好又有适合的受体时方可捐出器官。K的取值范围：$0<K<1$）

390. 脑死亡的历史

1959年，法国学者Mollaret和Goulon首次描述脑死亡状态，即意识消失、脑干反射消失、自主呼吸消失及脑电图平直，当时称之为“coma depasse”（一种超越昏迷的状态）。1968年哈佛大学医学院特设委员会重新对脑死亡概念进行解释，制定人类首个脑死亡判定标准。该标准规定脑死亡即为不可逆昏迷，是指个体对外界刺激无反应，脑干反射消失，自主呼吸停止，并且昏迷原因明确的状态。1971年，Mohandas和Chou认为可将脑干作为脑死亡判定的靶点，提出脑干死亡（brain stem death）的概念，并将其运用于临床判定，这就是Minnesota标准。1976年，英国Medical Royal Colleges发表的备忘录中提出：脑干永久性功能丧失即可视为脑死亡，但前提条件是一定要确定脑干损伤为不可逆性，并且要排除其他可致昏迷的状态，此外还通过建立标准的呼吸暂停试验以评估呼吸中枢功能。1979年的第2份备忘录中则将脑干死亡直接等同于死亡，其中明确指出脑干死亡确认后即可宣布个体死亡，并且应该尽可能撤除机械通气。1981年，美国总统委员会特设生物医学及行为医学伦理研究会发表的指南中推荐使用确认试验以缩短脑死亡判定的观察时间，但是对于缺氧性损伤的患者仍然应观察24 h。

391. 脑死亡的判定中如何测定呼吸中枢的功能

目前主要通过“呼吸暂停试验”来测定呼吸中枢的功能。

392. 药物中毒可影响脑死亡的判定，如果已确定药物中毒，那么何时才能对脑死亡进行检查和判定

判定脑死亡检查前需一定时间检出排泄体内药物。如已查明中毒药物，应在其浓度下降至可引起昏迷的浓度以下后，方可判定是否发生脑死亡。

393. 成人脑死亡判定标准（2009版）内容是什么

（1）判定的先决条件：

1）昏迷原因明确：包括原发性脑损伤和继发性脑损伤。

2）排除了各种原因的可逆性昏迷：包括急性中毒、低温（肛温≤32℃），严重电解质及酸碱平衡紊乱，严重代谢及内分泌障碍等。

（2）临床判定：

1）深昏迷：拇指分别强力压迫患者两侧眶上切迹或针刺面部，不应有任何面部肌肉活动。格拉斯哥昏迷量表（GCS）评分为3分。

2）脑干反射消失：包括瞳孔对光反射、角膜反射、头眼反射、前庭眼反射、咳嗽反射等。

3）无自主呼吸：靠呼吸机维持，自主呼吸激发试验证实无自主呼吸。

以上3项必须全部具备。

（3）确认试验：

1）正中神经短潜伏期体感诱发电位（SLSEP）：显示N9和/或N13存在，P14、N18和N20消失。

2）EEG：显示电静息，即未出现＞2 μV的脑电波活动时，符合EEG脑死亡判定标准。

3）TCD ：显示颅内前循环和后循环呈振荡波、尖小收缩波或血流信号消失。

（4）判定时间：临床判定和确认试验结果均符合脑死亡判定标准者可首次判定为脑死亡。首次判定12 h后再次复查，结果仍符合脑死亡判定标准者，方可最终确认为脑死亡。

（5）判定步骤：脑死亡判定分以下3个步骤：第一步进行脑死亡临床判定，符合判定标准（深昏迷、脑干反射消失、无自主呼吸）的进入下一步。第二步进行脑死亡确认试验，至少2项符合脑死亡判定标准的进入下一步。第三步进行脑死亡自主呼吸激发试验，验证自主呼吸消失。上述3个步骤均符合脑死亡判定标准时，确认为脑死亡。

394. 成人脑死亡判定标准是否对小儿也适用

不适用。目前我国出台的脑死亡判定标准主要针对成人。但20世纪90年代已有证据表明判定成人脑死亡的标准适用于大部分小儿（新生儿和婴儿除外）。

395. 辅助判定脑死亡的特殊检查有哪些

有脑电图、脑血管造影、脑放射性同位素扫描、经颅多普勒超声等。

396. 什么是DBD

指脑死亡器官捐献（donation after brain death，DBD）。

397. 国际标准化脑死亡者可否器官捐献

可按照“中国标准”器官捐献。2011年2月，我国通过并颁布了“中国人体器官捐献分类标准”（简称“中国标准”）。其中中国一类（C－Ⅰ）就是指国际标准化脑死亡器官捐献（DBD），即脑死亡案例，经过严格医学检查后，各项指标符合脑死亡国际现行标准和国内最新脑死亡标准［中国脑血管病杂志，2009，6（4）］，由通过卫生部委托机构培训认证的脑死亡专家明确判定为脑死亡；家属完全理解并选择按脑死亡标准停止治疗、捐献器官；同时获得案例所在医院和相关领导部门的同意和支持。

398. 什么是DBCD

指中国过渡时期脑-心双死亡标准器官捐献（donation after brain death plus cardiac death，DBCD）。

399. 器官捐献“中国标准”的中国二类指什么

中国二类（C-Ⅱ）：国际标准化心脏死亡器官捐献（DCD），即包括Maastricht标准分类中的M-Ⅰ至M-Ⅴ案例，其中M-Ⅰ、M-Ⅱ、M-Ⅳ、M-Ⅴ几乎没有争议，但成功概率较小，其器官产出对医疗技术、组织结构及运作效率的依赖性极强。M-Ⅲ所面临的主要问题是关于“抢救与放弃”之间的医学及伦理学争论，需要用具有法律效力的、权威性的医学标准、共识或指南来保证其规范化实施。

400. 器官捐献“中国标准”的中国三类指什么

中国三类（C-Ⅲ）：中国过渡时期脑-心双死亡标准器官捐献（DBCD）。即虽已完全符合DBD标准，但鉴于对脑死亡法律支持框架缺位，现严格按DCD程序实施，这样做实际上是将C-Ⅰ案例按C-Ⅱ处理，既类似M-Ⅳ，又不同于M-Ⅳ（M-Ⅳ为非计划性、非预见性脑死亡后心脏停搏）。C-Ⅲ具有相当强的“中国特色”。

401. 结核病患者能否捐献器官

原则上，患有严重传染病的患者，一般都不适合捐献器官。

402. DCD器官捐献者在捐献器官后会不会变得“体无完肤”

器官捐献者完成捐献后的遗体，由医院进行符合伦理原则的医学处理，恢复遗体原貌，因此，不会出现“体无完肤”的情况。

403. 如何办理器官捐献登记手续

各个省情况不同，但大体相似。以广东江门红十字会登记流程为例：

（1）捐献人或生前委托捐献执行人提交一份《器官捐献意

向书》，到江门市红十字会领取“器官捐献志愿书”一式两份。

（2）将填写好的“器官捐献志愿书”交回，并提供4张大1寸照片和身份证复印件1份。捐献人填写“器官捐献志愿书”时应征得直系亲属的签名同意。

（3）红十字会收到“器官捐献志愿书”后，编号入档，并发给捐献卡。

（4）捐献人可以在生前委托捐献执行人。捐献执行人可以是其近亲属，也可以是其近亲属以外的其他自然人，或者其生前工作单位、居住地的居（村）民委员会、养老机构及其他组织。生前未表示捐献意愿的自然人死亡后，捐献其器官的近亲属即为捐献执行人。

404. 什么是“器官捐献意向书”

该意向书主要是表明申请人或填写人是否愿意在逝世后捐献器官，捐献哪些器官。捐献人或生前委托捐献执行人可向当地红十字会索取“器官捐献意向书”。

405. 什么是捐献卡

红十字会收到“器官捐献志愿书”后，编号入档，并发给捐献卡。

406. 捐献人可以在生前委托捐献执行人吗

捐献人可以在生前委托捐献执行人。捐献执行人可以是其近亲属，也可以是其近亲属以外的其他自然人，或者其生前工作单位、居住地的居（村）民委员会、养老机构及其他组织。生前未表示捐献意愿的自然人死亡后，捐献其器官的近亲属即为捐献执行人。

407. 捐献的消息会不会得到新闻媒体的大肆报道

基于尊重器官捐献者和接受者的隐私权，捐献者和接受者的基本信息都会严格保密。捐献人的信息除非家属同意，否则该项捐献的消息不会被主动发布给新闻媒体，以避免当事人不必要的困扰。

408. 移植供体与受体的权益和尊严是否能得到维护

只有器官移植符合法律和伦理道德的规范，接受器官移植和器官捐献者的行为才能受到法律的保护和伦理学的认可，他们的尊严和权益才能得到最大的尊重。而医学伦理学审查能够防止违反法律和医学伦理的情况发生。

409. 器官捐献过程中如何避免发生医疗纠纷

移植工作不但要在法律允许的范围内，而且还要符合医学伦理学规范。器官移植通过伦理学审查，使移植的依据更科学、更充分、更准确，从而能有效地避免医疗纠纷的发生。中山大学附属第一医院器官捐献医学伦理审查实践。

410. 对于配偶间的器官捐献要注意什么问题

杜绝一切买卖器官行为，新《人体器官移植条例》虽然规定活体间器官捐献仅限于亲属和配偶，但没有像草案那样规定配偶结婚要3年以上。因此，对于配偶间的器官捐献，要特别注意排除通过假结婚以达到买卖器官等违法现象的发生。

411. 器官捐献遇到的伦理学问题是什么

过世后器官捐献无疑是个人对社会的最后贡献，但在我国受各种风俗习惯的影响，自愿在过世后捐献器官者微乎其微，而器官需求量却日益增多，如何建立一种激励机制鼓励器官捐献，又避免金钱交易，这是医学伦理工作者必须探讨的问题。

412. 什么是器官捐献的“第三者协调”

为鼓励公民器官捐献，我国红十字会积极倡导和参与器官捐献活动，只要公民或其家属有捐献意愿，各级红十字会机构就负责协调工作，并视捐献者家属的具体情况对其进行适当的经济援助，同时也接受社会各界，包括受捐者在内的自愿专项捐款。协调人员应是与器官移植医务人员及受捐者无任何关系的中立第三方。

413. 器官移植主要的伦理问题

解决供体器官来源问题已成为发展器官移植技术的首要社会问题和伦理问题。

414. 医生从器官移植者获取器官是否涉及刑事责任

法理上应支持医生摘取供体器官，此在法律上之结论是不是构成毁损尸体罪。可以认为医生虽有毁损死者之行为，但无毁损尸体之故意。而刑法是以故意或过失为原则，非故意、非过失的行为不处罚；所以医生既不是故意也不是过失，就不构成犯罪。另一种从活体摘取器官就产生问题，如果器官之摘取造成提供者身体伤害或死亡，即使摘取之行为先获得提供者的同意，也视为构成犯罪。

415. 无心搏供肾如何分类

无心搏供肾进行分类：Ⅰ类供体是入院前已无心搏，移植效果最差，并且要进行病理检查确认是否能用；Ⅱ类供体是心肺复苏失败者，移植效果也不理想，也需病理确认；Ⅲ类供体是等待心搏停止的供体；Ⅳ类供体是“脑死亡”心搏停止患者；Ⅲ类、Ⅳ类肾脏供体效果较好。

416. 要使器官移植获得成功，最理想的供体是

什么

要使器官移植获得成功，最理想的供体就是胎儿器官，因为胎儿器官占有一定供体上的生物学优势，尤其对以优生为原则而终止某些病态妊娠或处置有严重缺陷的新生儿以及社会原因引起的引产和流产，给社会和医学带来了大量的胎儿处理问题，这就在客观上提供了供体胎儿器官的可能性。在我国近年来的器官移植的实践也证明了供体胎儿器官不仅在技术上可行，而且在伦理上也没有遇到大的障碍。

417. 肝功能衰竭患者选择器官捐献有什么特点

肝病患者作为受体，不像肾病患者，肾功能衰患者除了选择移植手术外，还可以选择透析，继续延长寿命。而肝功能衰竭的患者只能选择肝脏移植手术，否则将面临死亡，这样活供体就给肝移植受体提供了更多存活机会。

418. 一般医生认为器官移植对受体选择有哪两个标准

一是医学标准，二是社会标准。

419. 什么是器官捐献受体选择的医学标准

医学标准，即由医务人员根据医学发展的水平和技能作为判断基础，其标准主要看受体器官是否已经衰竭。

420. 什么是器官捐献受体选择的社会标准

社会标准，即根据有关社会因素加以选择：如年龄，在病情相当的情况下，年龄小者优先于年龄长者接受移植。

421. 器官捐献受体选择的医学标准面临的问题是什么

所有器官已经衰竭的患者都应该有同等机会接受器官移植，

但就目前情况下，是难以做到的，因此，面临着选择问题。当然，利用血缘亲疏，引起并发症可能性的大小及康复能力的强弱等理由，可以排除一些患者，但问题的实质是医生面临同样情况患者时如何选择。

422. 器官捐献受体选择的社会标准面临的问题是什么

社会标准的判断和选择问题，即对社会贡献的大小、个人的能力、患者配合治疗的能力、经济支付能力、社会能力等的判断与选择。

423. 器官捐献受体选择除了医学标准和社会标准还应该考虑什么因素

受体选择的标准除上述外，还需要就不同国家所规定的道德规范和不同的价值观念观进行考虑。大多数国家的移植中心在选择标准时是按医学标准，个人能力、社会价值的次序排列，当然这种排列不是绝对的，还要具体情况具体分析。

424. 器官捐献为什么要遵守医学伦理学规范

器官移植和捐献的历史，一方面是科学技术的成就史，另一方面也是医学伦理和道德的规范史。如果不遵循医学伦理学规范，就会陷入无序状态，甚至给犯罪分子以可乘之机，对学科的发展是无利的。对器官移植进行医学伦理学审查，能有效地保证器官移植符合法律法规和医学伦理学的要求。

425. 利益观念对中国器官捐献者产生什么样的影响

器官捐献作为一种公民自愿履行的善行，只许捐赠，不可买卖。完全是无偿和公益的，于是一些人就会想“捐献器官给他人对自己有什么好处和收益呢”。

426. 社会观念对中国器官捐献者产生什么样的影响

中国人重自我，轻社会，私民、小民意识根深蒂固，社会责任感差。在人们心目中，事不关己，高高挂起，对陌生他人的漠不关心的观念根深蒂固。

427. 国家器官捐献和移植体系可以分为哪几个部分

国家器官捐献和移植体系可以大致分为5个部分：国家器官移植管理体系、人体器官捐献者登记系统、人体器官捐献和分配网络体系、器官移植临床服务体系、人体器官移植科学登记系统。

428. 我国是否已经有申领驾照时进行器官捐献意愿登记

卫生部副部长黄洁夫近日接受记者采访时表示，我国有望年内实现申领驾照时进行器官捐献意愿登记。届时，居民在申领驾照时将对万一遇到车祸等意外情况死亡后，是否愿意捐献自己的器官以及捐献何种器官作出选择。

429. 我国有关器官捐献的法律法规是否已经完善

虽然中国在器官移植技术领域已达到世界水平，但有关器官捐献的法律法规还不完善，这在一定程度上还是制约了器官移植临床救治工作和移植医学的发展。

430. 无民事行为能力、限制民事行为能力等不能行使知情权、决定权的患者可以捐献器官吗

《人体器官移植条例》规定无民事行为能力、限制民事行为

能力等不能行使知情权、决定权的患者，应当由其法定代理人或者监护人决定是否接受器官移植。

431. 捐献的人体器官移植于配偶的，需要满足什么条件

《人体器官移植条例》规定捐献的人体器官移植于配偶的，接受人体器官移植的配偶应当与人体器官捐献者生育有子女或者结婚满2年以上；但婚后患病确需接受人体器官移植的除外。

432. 在摘取人体器官后，医师应当在多少时间内将摘取的人体器官及捐献者的有关资料报告医院

《人体器官移植条例》规定在摘取人体器官后2 h内，医师应当将摘取的人体器官及捐献者的有关资料报告医院。

433. 在摘取人体器官后，医院应当在多少时间内将有关资料报送市红十字会

《人体器官移植条例》规定医院应当在24 h内将有关资料报送市红十字会。

434. 摘取的人体器官经检查不适宜植入的，还有何用途

摘取的人体器官经检查不适宜植入的，可以用于科学研究和教学或者予以焚毁。

435. 《人体器官移植条例》规定，摘取的人体器官经检查不适宜植入的，可用于科学研究和教学或者予以焚毁，但应该经过什么程序

应当报市卫生部门备案。

436. 患者是否依法享有平等获得人体器官移植的权利

《人体器官移植条例》规定患者享有平等获得人体器官移植的权利。

437. 同时享有优先权的患者如何确定先后顺序

同时享有优先权的患者由市红十字会根据申请登记的时间先后确定顺序。

438. 患者不得以任何方式有偿获取人体器官，是否意味着患者无需支付移植手术所需的正常医疗费用

患者不得以任何方式有偿获取人体器官，但应当支付移植手术所需的正常医疗费用。

439. 医院应当在多少天内将登记的受理人体器官移植的申请报送市红十字会

医院应当在3天内将登记的资料全面、真实地报送市红十字会。

440. 医院、市红十字会、医师及有关工作人员能否对人体器官捐献者和患者的资料公开

《人体器官移植条例》规定医院、市红十字会、医师及有关工作人员应当对人体器官捐献者和患者的资料予以保密。

441. 有关当事人对人体器官信息库患者的排序情况有异议的，应该怎么办

有关当事人对排序情况有异议的，可以向市卫生部门投诉，市卫生部门应当对投诉进行调查、核实，并于接到投诉后15个工作日内作出书面答复。

442. 《人体器官移植条例》规定的死者近亲属范围及顺序是怎样的

第一顺序：配偶、子女、父母；第二顺序：兄弟姐妹；第三顺序：祖父母、外祖父母、孙子女、外孙子女。

443. 申请人体器官移植手术患者的排序，应当符合什么原则

申请人体器官移植手术患者的排序，应当符合医疗需要，遵循公平、公正和公开的原则。具体办法由国务院卫生主管部门制定。

444. 医生为移植而摘取活体的器官，不构成故意伤害罪的根本理由是什么

医生为移植而摘取活体的器官，不构成故意伤害罪的根本理由是有供者的承诺。

445. 医生为移植而摘取尸体器官，应受什么处罚

医生为移植而摘取尸体器官，一般不构成盗窃、侮辱尸体罪，但如果无死者生前的承诺，也未经死者近亲属同意，又无其他法定的特殊事由，则是非法行为，应受民事处罚或行政处罚。

446. 为什么说医生按规定摘取其器官移植给其他患者（受者），虽然会对其身体健康造成一定的损害，但是是有益的行为

可以救治其他危重患者，给受者带来的利益超过对供者所造成的损害，从社会整体而言，无疑是减少了损害，是有益的行为。

447. 如果死者生前明确表示捐献器官，但死者

近亲属不同意，在这种情况下，医生摘取死者的器官是否要承担法律责任

一般来说，只要死者生前明确表示捐献器官，不论其近亲属是否赞同，医生均可摘取其器官。

448. 器官移植事业的发展，在为患者带来福音的同时，也诱发了一些新型犯罪。概括起来，主要有哪几种

主要有：①买卖人体器官的犯罪；②非法摘取人体器官的犯罪；③进行人体试验的犯罪。

449. 如何解决我国器官移植所面临的紧迫问题

一方面是法律的进一步完善；另一方面需动员更多的自愿捐献者加入生命的接力，增加合法渠道的器官来源。

450. 现在我国已经初步建立起的器官分配和共享系统有什么作用

器官分配和共享系统能够根据接受者健康状况和等候时间、匹配程度、年龄、地域等综合因素，公平、公正、公开地解决器官分配问题。

451. 对违反《人体器官移植条例》规定的行为，患者是否有权向卫生主管部门和其他有关部门举报

任何组织或者个人对违反本条例规定的行为，有权向卫生主管部门和其他有关部门举报。

452. 我国什么部门负责全国人体器官移植的监督管理工作

国务院卫生主管部门负责全国人体器官移植的监督管理工作。

453. 生前捐献人体器官的，应当符合哪些条件

生前捐献人体器官的，应当符合下列条件：①年满18周岁并且有完全民事行为能力；②有书面同意捐献的真实意思表示；③不危害其生命安全；④以移植于其直系亲属和三代以内旁系亲属为限，但捐献人体组织的除外。不满18周岁的未成年人，经其父母或者监护人同意，可以捐献骨髓给近亲属。捐献的人体器官移植于配偶的，接受人体器官移植的配偶应当与人体器官捐献者生育有子女或者结婚满2年以上；但婚后患病确需接受人体器官移植的除外。其他生前捐献人体器官的，应当向市卫生部门申请，经批准后方可实施。

454. 供体来源不足严重制约着器官移植的发展，这其中是否涉及伦理学问题

是。主要涉及生命与死亡的伦理学问题。

455. 死亡的判定涉及哪些学科

哲学提出概念，医学提出标准，伦理学予以支持，法律上予以认可。

456. 可供摘取器官的供体分哪几类

有活体供体和尸体供体两类。

457. 活体器官捐献是否也要自愿？其原则是什么

活体器官捐献要绝对自愿，这意味着供者是在没有任何威胁利诱情景下知情并作出同意的承诺，其原则是不危及活体供者的生命和健康。许多国家的医疗法规明确禁止不是一、二级亲属关系间的活体捐赠，禁止对外国患者进行活体捐赠，同时禁止对于迫于贫困或其他压力下的“自愿”捐献。

458. 活体供者的伦理问题主要表现在哪两个方面

一是能否在活体身上摘取器官的问题。活体器官移植所带来的益处已经越来越为医学界和公众所认识和肯定。活体器官的质量优于尸体器官，并将一定程度上缓解器官移植的供求矛盾。但不可忽视的是，对于供者来说，活体器官移植的伤害是百分之百，甚至可能危及生命，从某种意义上讲，活体器官移植相当于牺牲一个人的高质量正常生活，换取两个人的低质量生活。且一旦移植手术不成功，受者和供者所面临的风险和伤害将加倍，利益却为零。二是器官非法买卖的问题。目前，我国明确禁止器官买卖。因此，如何在既能救助患者的生命，又能防止以捐献为名进行器官买卖的前提下尽可能地对捐献者不造成伤害，是必须审慎考虑的重要问题。

459. 活体器官捐献的原则有哪些

主要有：①知情同意原则；②“非不得已，不得为之”原则，绝对自愿原则；③生命自主原则；④“无害至上论”原则；⑤有利原则。

460. 什么是活体器官捐献的知情同意原则

供、受者双方都必须知情同意，一方不得隐瞒事实为另一方做捐献，尤其是接受方不愿意时，一旦得知事实真相，可能构成心理伤害，而医务人员不得参与这类所谓的“善意隐瞒”活动。

461. 什么是活体器官捐献的“非不得已，不得为之”原则

仅在得不到适合的尸体器官来源的情况下予以考虑。

462. 什么是活体器官捐献的绝对自愿原则

捐献者应在完全无外界压力下自我选择，医务人员要通过单独谈话以了解真实动机，并允许保留在手术之前任何时间取消捐献的权利。家属和医生不能对其施加任何压力，更不能因为当事人在智力或生理方面存在某种缺陷而强迫其捐出器官，哪怕是用来救治自己的兄弟姐妹或父母。自愿捐献必须有书面资料记载。

463. 什么是活体器官捐献的生命自主原则

捐献者的家属和医生都不能代替捐献者本人作出是否应该捐献器官的决定。

464. 什么是活体器官捐献的“无害至上论”原则

“无害至上论”源于古代Hippocratic医师宣言。自1954年Murray实施人类首例孪生间活体亲属肾移植以来，现代医学伦理学就没有停止过对活体捐献者“伤害”问题的讨论。因为这是对一位健康人实施一个大手术，而手术的目的不是为了他自己，而是为了他人的康复。活体捐献即使是不得已，也要尽量将对供者的伤害限制在最轻、最小的范围之内。

465. 什么是活体器官捐献的有利原则

活体器官捐献主要是对受者有利，供者的利益相对较小，主要体现在捐献者意愿的满足、荣誉感、社会的认同、亲人康复后家庭经济和精神压力的释放等方面。因此，要遵循“得大于失”的原则。

466. 人类主要组织相容性抗原有哪些

主要有两类，即ABO血型抗原和人类白细胞抗原（HLA）。

467. 常用的检查排斥反应的免疫学方法有哪些

ABO血型分型、淋巴细胞毒交叉配合试验、HLA配型、混合淋巴细胞培养、群体反应性抗体（panel reactive antibody，PRA）

试验等。在日常临床工作中，一般前3项检测是必做的基本检测，并据此确定供受者的人选。

468. 选择供-受者对时，应首先考虑什么

应首先考虑ABO血型，要求受者血清中不存在抗供者血型抗原的抗体，其原则与输血配合原则相同，即要求ABO血型相同或相容。

469. ABO血型不合的移植会有什么后果

ABO血型不合的移植（肝移植例外）几乎无一例外会发生超级性排斥反应。

470. ABO血型不合的肝移植受者会不会发生超级性排斥反应

肝移植是个例外，因为肝移植几乎从不发生超急性排斥反应，所以血型不配合者肝移植也可获得成功，但其长期存活率却受到影响。有报道称，ABO血型不合的肝移植，移植肝丧失率是血型配合者的5倍。

471. 什么情况下可以采用ABO血型不合的肝移植

血型不合的肝移植仅在某些重症病例一时无法得到何时供肝的紧急情况下采用，而且应随时准备做再次肝移植。

472. 什么是淋巴细胞毒交叉配合试验

将供受者淋巴细胞和血清相互交叉混合孵育一段时间后，计数淋巴细胞死亡的百分比，10%以下为阴性，10%～20%为弱阳性。

473. 淋巴细胞毒交叉配合试验阳性者有什么意义

阳性者说明受者血清中含有针对供者HLA抗原的预抗体，移植后将导致超急性排斥反应。

474. 对于淋巴细胞毒交叉配合试验弱阳性者可否进行移植

对于弱阳性者，特别是长期不能得到合适供体的患者，应分别做T淋巴细胞和B淋巴细胞的交叉配合试验。若T淋巴细胞的交叉配合试验阳性则不能施行移植，而B淋巴细胞的交叉配合试验阳性则可做移植，因B淋巴细胞抗体是免疫增强抗体，对移植物有保护作用，从而可获得良好的移植效果。

475. 对于淋巴细胞毒交叉配合试验长期阳性患者可采取什么补救措施

（1）移植前做血浆置换或者选择性滤过以清除预存抗体。置换次数越多，抗体清除越彻底。

（2）移植前做一段时间免疫抑制治疗以抑制B淋巴细胞产生抗体。

（3）在直系血缘亲属中寻找阴性供者。

（4）利用新鲜死胎儿及无脑儿供体，有可能找到阴性供者。

476. HLA的配合程度对移植物的短期存活影响大吗

并无多大影响，即使对长期存活的影响也由于免疫抑制手段的提高而减弱。

477. 在不明原因和多次发生超急性排斥反应的患者，必做的非常规检测是什么

红细胞冷凝集素及高纤维蛋白血症检测。

478. 免疫学检测中混合淋巴细胞培养（MLC）有什么意义

该检测对判断供–受体对的组织相容程度及预后很重要，而且准确性也很高。但由于其培养时间长，而不作为常规检测。

479. 什么试验可进一步证实HLA完全相同或高度相配的供–受者对的免疫应答程度、预测预后，以及估计术后免疫抑制治疗的强度

混合淋巴细胞培养（MLC）。

480. 是技术问题制约着我国器官移植的发展吗

我国人体器官移植工作中存在的主要问题不是技术问题，而是人体器官来源严重匮乏极大地制约了我国人体器官移植临床救治工作和移植技术的发展。由于供体的严重缺乏，许多危重患者因不能及时得到器官移植而死亡，因此急需解决人体器官移植供体的来源问题。

481. 可否推荐几本关于器官移植的书籍

（1）夏穗生，陈孝平．现代器官移植学．北京：人民卫生出版社，2011.

（2）何晓顺，朱晓峰．多器官移植与器官联合移植．广州：广东科技出版社，2009.

（3）陈忠华．器官移植临床指南．北京：科学出版社，2006.

（4）严律南．活体肝移植．北京：人民卫生出版社，2007.

（5）沈中阳．肝移植手册．北京：人民卫生出版社，2007.

（6）眭维国，邹和群，李宓．器官移植内科学．西安：第四军医大学出版社，2010.

（7）罗艳丽，谷波，鲁建春．器官移植护理手册．北京：

科学出版社，2011.

（8）何晓顺，成守珍，朱晓峰．器官移植临床护理学．广州：广东科技出版社，2011.

482. 可否推荐一些器官移植方面较好的专家或医院

我国在器官移植方面优秀的专家有很多，此处列举的专家为《中国心脏死亡器官捐献工作指南》（第二版）审定专家（按照姓氏拼音排序），有一定的参考价值。

陈实（华中科技大学同济医学院附属同济医院），陈孝平（华中科技大学同济医学院附属同济医院），陈忠华（华中科技大学同济医学院附属同济医院），窦科峰（第四军医大学西京医院），傅耀文（吉林大学第一医院），何晓顺（中山大学附属第一医院），李宁（首都医科大学附属北京佑安医院），刘龙（沈阳军区总医院），刘永峰（中国医科大学附属第一医院），彭承宏（上海交通大学附属瑞金医院），彭志海（上海市第一人民医院），钱建民（复旦大学附属华山医院），沈中阳（天津市第一中心医院），石炳毅（中国人民解放军第三〇九医院），谭建明（南京军区福州总医院），田野（首都医科大学附属北京友谊医院），武晓桐（山西省第二人民医院），薛武军（西安交通大学医学院第一附属医院），严律南（四川大学华西医院），叶啓发（中南大学湘雅三医院），于立新（南方医科大学南方医院），臧运金（武装警察部队总医院），郑树森（浙江大学医学院附属第一医院），朱继业（北京大学人民医院），朱有华（第二军医大学附属长征医院）。

483. 华中科技大学同济医学院制定的《器官移植的伦理原则》里对受体选择所依据医学标准做了哪3条界定

（1）在生命器官功能衰竭而又无其他疗法可以治愈，短期内不进行器官移植将告死亡者。

（2）受者健康状况相对较好，有器官移植手术适应证，机体心理状态和整体功能好，对移植手术耐受性强，且无禁忌证。

（3）免疫相容性（ABO血型相配，HLA配型，交叉配合及淋巴毒试验）相对较好，移植手术后有良好的存活前景。

484. 什么是“Old for Old”（老年供老年）

高龄受者接受高龄器官的效果比接受其他器官的效果更好，而年轻受者接受老年器官的效果比接受年轻器官的效果差，因此，提倡“Old for Old”（老年供老年）。

485. 已经75岁的老人可否申请DCD器官捐献

年龄偏大，超出了通常标准（65岁）的供者为边缘供者，一般不推荐捐献。但大量的观察统计发现年龄并不能作为绝对画线标准，供体的健康状况和捐献器官时的状况更重要。很多高龄器官移植后功能发挥良好。当然，随着供者年龄的增高，器官功能有一定退化也是事实，故应严格检查高龄供者的身体健康状况和器官功能，充分而安全地利用这些边缘供者。

486. 丙型肝炎患者能否捐献器官

目前认为丙型肝炎病毒（HCV）感染的患者在接受来自HCV阳性的供体是安全的，使用HCV阳性供体与HCV阴性供体的结果无明显差异，患者和移植物功能未受影响。但要注意的是，一般不能将HCV阳性供体给予HCV阴性受体。

487. 高血压患者能否捐献器官

人群中高血压患者较为普遍，目前大多数移植中心认为可以用药物控制的，无并发症的轻中度高血压者可以捐献器官，作为供体。

488. 乙型肝炎患者能否捐献器官

肝炎病毒阳性供者属于相对禁忌证。不能将巨细胞病毒和肝炎病毒阳性供给阴性受者，但如供受者均是相同的阳性者，则可考虑移植。

489. 器官捐献者死后会有相关机构组织缅怀吗

有些省市红十字会会为器官捐献死者建立纪念碑或纪念园，定期组织家属、志愿者对捐献者缅怀，也会有市民前往缅怀。例如山东、河南、厦门等地红十字会均建立了器官（遗体）捐献者纪念碑。山西省首个遗体志愿捐献者纪念园和纪念碑于2011年4月11日在太原市天龙山仙居园落成。各地红十字会都在努力构建捐献者缅怀措施。具体情况可咨询当地红十字会。

490. “器官捐献卡”上面有些什么内容

器官捐献卡英文名为“Donor card”，全称为器官、眼角膜自愿捐献者随身携带卡。上面有申请人签名、联系方式、直系亲属姓名及紧急情况下的联系方式，器官捐献机构联系人电话，相关网站及发放单位等信息。以便万一持卡人意外身亡，此卡可以作为当事人生前已表达过器官捐献意愿的证据。

491. 监狱中的犯人可否申请死亡后器官捐献

只要符合器官捐献的基本条件，捐献的器官功能正常，满足自愿、无偿的原则，犯人同样可以捐献器官。

492. 什么是扩大标准供体

虽然扩大标准的供体没有严格的概念，但从广义上讲，任何在移植术后有可能发生原发性无功能（PNF）、早期甚至长期功能不良（IPF）、相关并发症等的供体都可被称为扩大标准供体（extended criteria donor，ECD）。

493. 扩大标准供体举例有哪些

例如循环不稳定的脑死亡、无心搏供体以及高龄、肥胖、高血压、糖尿病、冷/热缺血时间过长、脂肪变性、抗-HCV或抗-HBc阳性等供体，对移植物功能和受者生存会产生近期和远期的影响。

494. 国际移植领域器官主要来源于哪类供体

在国际器官移植领域，脑死亡器官捐献一直是最主要的器官来源。

495. 目前亲属活体器官移植面临的问题是什么

目前亲属活体器官移植面临的最大问题是“假亲属”的出现和背后隐性的器官交易。当然还有“交叉移植”引发的争议。

496. 《刑法修正案（八）》是如何体现立法者着重保护的社会关系即主要客体是器官出卖者的身体健康权的

组织他人出卖人体器官的行为既侵犯了器官出卖者的身体健康权，也危害了国家有关器官移植的医疗管理秩序。《刑法修正案（八）》将本罪置于分则第4章“故意伤害”之后，显示出立法者着重保护的社会关系即主要客体是器官出卖者的身体健康权。

497. 未经本人同意摘取其器官，或者摘取不满18周岁的人的器官，或者强迫、欺骗他人捐献器官的，是否触犯刑法

触犯刑法。未经本人同意摘取其器官，或者摘取不满18周岁的人的器官，或者强迫、欺骗他人捐献器官的，依照《刑法修正案（八）》第二百三十四条、第二百三十二条的规定定罪处罚。

498. 组织他人出卖人体器官在法律上如何处罚

《刑法修正案（八）》第二百三十四条之一规定：组织他人出卖人体器官的，处5年以下有期徒刑，并处罚金；情节严重的，处5年以上有期徒刑，并处罚金或者没收财产。

499. 违背本人生前意愿摘取其尸体器官，或者本人生前未表示同意，违反国家规定，违背其近亲属意愿摘取其尸体器官的是否触犯刑法

依照《刑法修正案（八）》第三百零二条的规定定罪处罚。

500. 盗窃、侮辱尸体的行为会受到什么法律制裁

《刑法修正案（八）》第三百零二条（盗窃、侮辱尸体罪）规定，盗窃、侮辱尸体的，处3年以下有期徒刑、拘役或者管制。

附录1　中国心脏死亡器官捐献指南

（第二版，中华医学会器官移植学分会，2011年8月）

一、目　　的

为规范心脏死亡器官捐献（donation after cardiac death，DCD）行为，保障器官捐献者的合法权益，中华医学会器官移植学分会根据《人体器官移植条例》等相关法律、法规，并借鉴国外经验，结合我国国情，制定了《中国心脏死亡器官捐献指南》（简称《指南》）。目的是在尊重捐献者权益的基础上，建立一个合法的、符合医学伦理的临床应用程序，以避免任何可能对捐献者、捐献者家属、器官移植受者和医护人员所造成的伤害。

二、适 用 范 围

本《指南》主要适用于发生在医院内的可控制性DCD，为临床医护人员在医院内开展器官捐献工作提供参考。本《指南》不应代替医生的临床判断。在具体实施DCD过程中，可在相关法律、法规允许的范围内，根据捐献者及其家属或地区的特点进行调整。本《指南》不适用于皮肤、角膜等组织捐献。

三、心脏死亡器官捐献定义与分类

1．DCD定义　心脏死亡器官捐献（DCD）指公民在心脏死亡后进行的器官捐献，以往也称无心搏器官捐献（non heart

beating donation，NHBD）。

2．DCD分类　目前，国际上通常采用1995年荷兰Maastricht（马斯特里赫特）国际会议定义的DCD的分类标准，分类Ⅴ近来被提议作为其他4类的补充。

Maastricht分类：

Ⅰ类：入院前死亡者，热缺血时间未知。属于“不可控制”类型。

Ⅱ类：心肺复苏失败者，这类患者通常在心脏停搏时给予及时的心肺复苏，热缺血时间已知。属于“不可控制”类型。

Ⅲ类：有计划地撤除心肺支持治疗后等待心脏停搏的濒死者，热缺血时间已知。属于“可控制”类型。

Ⅳ类：确认脑死亡的患者发生心脏停搏，热缺血时间已知。属于“可控制”类型。

Ⅴ类：危重患者发生意外的心脏骤停，热缺血时间已知。属于“不可控制”类型。

四、中国人体器官捐献分类标准

2011年2月，中国人体器官移植技术临床应用委员会通过并公布了“中国人体器官捐献分类标准”（简称“中国标准”）（卫办医管发〔2011〕62号附件1）。即中国一类（C-Ⅰ）：国际标准化脑死亡器官捐献（donation after brain death，DBD），即脑死亡案例，经过严格医学检查后，各项指标符合脑死亡国际现行标准和国内最新脑死亡标准［中国脑血管病杂志，2009，6（4）］，由通过卫生部委托机构培训认证的脑死亡专家明确判定为脑死亡；家属完全理解并选择按脑死亡标准停止治疗、捐献器官；同时获得案例所在医院和相关领导部门的同意和支持。

中国二类（C-Ⅱ）：国际标准化心脏死亡器官捐献（donation after cardinc death，DCD），即包括Maastricht标准分类

中的M-Ⅰ至M-Ⅴ案例，其中M-Ⅰ、M-Ⅱ、M-Ⅳ、M-Ⅴ几乎没有争议，但成功概率较小，其器官产出对医疗技术、组织结构及运作效率的依赖性极强。M-Ⅲ所面临的主要问题是关于“抢救与放弃”之间的医学及伦理学争论，需要用具有法律效力的、权威性的医学标准、共识或指南来保证其规范化实施。

中国三类（C-Ⅲ）：中国过渡时期脑-心双死亡标准器官捐献（donation after brain death plus cardiac death，DBCD），即虽已完全符合DBD标准，但鉴于对脑死亡法律支持框架缺位，现严格按DCD程序实施，这样做实际上是将C-Ⅰ案例按C-Ⅱ处理，既类似M-Ⅳ，又不同于M-Ⅳ（M-Ⅳ为非计划性、非预见性脑死亡后心脏停搏）。C-Ⅲ具有相当强的“中国特色”。

五、心脏死亡器官捐献工作组人员组成及职责

心脏死亡器官捐献工作组人员包括：捐献者的主管医生，器官捐献协调员，人体器官获取组织（organ procurement organization，OPO）成员及手术、麻醉等相关辅助人员，医院器官捐献委员会/医院器官移植伦理委员会成员等。上述人员组成DCD工作组，共同参与DCD实施过程，各尽职责、分工协作，共同讨论协商决定关键操作程序。

捐献者的主管医生：参与除器官切取外的整个捐献过程。主要负责：发现潜在捐献者，初步评估潜在捐献者是否符合捐献条件；负责告知家属患者的病情，在家属提出终止治疗意愿后，联系省级人体器官捐献委员会（provincial organ donation committee，PODC），提交潜在捐献者的基本资料；协助器官捐献协调员，与家属共同探讨器官捐献事宜；与家属协商决定撤除心肺支持治疗并具体实施，确认并宣布捐献者死亡；捐献前对捐献者进行必要的医疗干预；填写DCD相关记录，组织回顾病例，上报医院器官捐献委员会/医院器官移植伦理委员会备案。

器官捐献协调员：主要负责与家属共同探讨器官捐献事宜，

获得捐献知情同意等法律文件。器官捐献协调员由红十字会负责培训并认定资质。

OPO小组：主要负责器官切取。不参与撤除心肺支持治疗过程。

医院器官捐献委员会/医院器官移植伦理委员会：监管与捐献相关的法律文件是否完善、捐献过程是否符合知情同意等原则。监督DCD上报病历，备案管理。

其他相关人员：包括器官切取所需麻醉师、手术室工作人员等。主要协助OPO小组完成器官切取工作。

六、心脏死亡器官捐献工作程序及要点

（一）供者选择

1．潜在器官捐献者条件　由主管医生确认患者处于如下状态时，可将其视为潜在捐献者。

（1）患者处于需要机械通气和/或循环支持的严重神经损伤和/或其他器官衰竭状态，无法避免发生心脏死亡。对于此类患者，主管医生需评估患者撤除心肺支持治疗后短时间发生心脏死亡的可能性，如果预计患者在撤除心肺支持治疗之后60 min内死亡，则可将其视为潜在捐献者。推荐参考UNOS评估标准和/或UW评分系统进行评估（见附件3和附件4）。

如果在评估过程中必须做某些检查，主管医生应该告知患者家属，并将交谈内容和患者家属的知情同意做详细记录。

（2）患者符合脑死亡标准：根据中国三类捐献标准，脑死亡患者严格按照心脏死亡捐献流程实施器官捐献，即在患者生前或其家属提出终止治疗并同意捐献的情况下，先撤除心肺支持治疗，等待心脏停搏，在心脏停搏后观察2～5 min，根据心脏死亡判定标准宣告患者心脏死亡，之后方可进行器官获取。脑死亡判定标准参照《中国脑血管病杂志》［2009，6（4）］实行。

（3）具备器官捐赠者一般条件，即：

1）捐献者身份明确。如下情况一般不予考虑：在被拘捕或羁留于政府部门期间死亡、在精神病院内发生的死亡个案、中毒导致死亡、与医院有医疗纠纷、死亡原因需要公安司法部门进一步调查等。

2）年龄一般不超过65岁。

3）无HIV感染。

4）无药物滥用、无静脉注射毒品、无同性恋/双性恋等高危活动史。

5）无恶性肿瘤病史。但部分中枢神经系统肿瘤和一些早期的恶性肿瘤在经过成功的治疗后可以考虑。

6）无活动性、未经治疗的全身性细菌、病毒或者真菌感染。

7）血流动力学和氧合状态相对稳定。

8）捐献器官功能基本正常。

2．决定撤除心肺支持治疗　主管医生发现潜在器官捐献者后，应进行会诊讨论，明确患者预后不良，目前医疗手段无法使其避免死亡。在主管医生告知患者家属患者病情后，患者家属对于患者的病情有充分的理解并接受，决定撤除心肺支持治疗。关于撤除心肺支持治疗的讨论与器官捐献的讨论应该相互分开。

3．正式提交PODC　主管医生在明确潜在捐献者符合相关条件，并且在家属提出终止治疗后，应该把潜在器官捐献者相关情况（附件3、附件4、附件5）上报PODC。PODC指派器官捐献协调员组织捐献工作，并通知OPO小组准备器官获取工作。

（二）劝捐工作

1．获得知情同意器官捐献应该成为高质量的临终医疗护理的一部分，因此应该向所有可能适合捐献的患者和/或其家属提出捐献的问题，详细解释DCD的意义和具体实施过程。在患者和/或其家属同意进行器官捐献后，器官捐献协调员应该和捐献者家属深入讨论DCD的所有相关问题，并签署正式的知情同意书。（注：本《指南》中所指家属是指配偶、成年子女、父母，或患者通过法律途径正式授权的委托人。如果患者家属中有一方反对器官捐献，即使潜在捐献者生前有捐献意愿，也不应进行器官捐献。）

如果患者家属在决定撤除心肺支持治疗之前自行提出器官捐献，或患者清醒时提出捐献意愿，需要在医疗记录上详细记录。在器官捐献协调员与患者家属签署正式的知情同意书时，医生应在病历中详细记录与患者家属的讨论过程及知情同意结果。

2．上报备案将DCD材料上报医院器官捐献委员会/医院器官移植伦理委员会备案。医院器官捐献委员会/医院器官移植伦理委员会负责监管器官捐献过程，确定知情同意等法律程序是否完备。同时上报到省级人体器官捐献办公室（provincial organ donation office，PODO）。

（三）供者管理

在知情同意书签署之后，应为准备组织器官捐献开展供者的综合评估及医疗干预。

综合评估应包括整理收集捐献者的相关临床资料，包括患者的一般资料、详细的个人史、既往史及实验室检查等。建议采用附件6中包括的项目。

医疗干预目的是保证捐献器官的质量，因此必须遵守知情同意和无害原则，即医疗干预只有在捐献者（清醒状态）和/或其家属知情同意的情况下才能进行。同时医生必须要为捐献者的利益着想并避免伤害捐献者，不应该限制或者减少能减轻捐献者痛苦的措施，不应该应用加快捐献者心脏死亡的措施。医疗干预应尽量应用有明确证据证明有效的医疗干预措施，如无足够证据证明其有效性，但无不合法的操作并且得到家属的知情同意，可以在主管医生的慎重选择下实行。必须详细记录应用的所有干预措施（附件7）。

（四）终止治疗、宣布死亡

1．终止治疗　切取器官或移植的团队不能参与终止治疗过程。

如果捐献者家属希望在撤除心肺支持治疗的时候在场，应该满足其要求。死亡过程不能应用加速患者死亡的药物。

应准确记录撤除心肺支持治疗的时间。在撤除心肺支持治疗后应该连续记录捐献者的生命体征，包括心率，呼吸频率，血压、血氧饱和度和尿量等。准确记录热缺血时间。热缺血时间是指终止治疗至低温灌注开始前的一段时间。建议各器官耐受热缺血时间：肾脏1 h，肝脏30 min，胰腺1 h，肺脏1 h。捐献者在撤除心肺支持治疗后，60 min内心搏未停止者，应终止器官捐献。

2．宣布死亡心脏死亡的判定标准　即呼吸和循环停止，反应消失。由于DCD对于时间的限制需要运用监测或检验来快速而准确地判断循环的停止。在可能的情况下，可以应用有创动脉血压监测和多普勒超声进行确认。判定死亡时由于在循环停止后的几分钟里心电活动仍可能存在，不应以心电监测为准。

为确定循环停止的不可逆性或永久性，应观察一段时间再宣布死亡。观察期至少为2 min，不能多于5 min。

由主管医生宣布死亡，详细记录死亡过程及死亡时间（移植医生或OPO小组不能在场）。一旦宣布死亡，就不能采取恢复循环的措施。为了防止吸入和继发的肺损伤允许重新气管插管。在宣布死亡后，可以进行器官切取的有关活动。

捐献者一旦宣布死亡，家属应立即撤离，主管医生及器官捐献协调员负责对家属进行安慰及关怀。

（五）器官获取

1．器官切取一旦宣布死亡，OPO小组方可介入，尽快开始切取手术，尽量减少热缺血时间。切取前应协调好切取的手术团队，联系手术室的人员和麻醉师，做好切取术前准备。应准确记录手术开始时间、插管灌注时间、每个捐献器官切取时间、手术结束时间（附件8）。器官切取手术完成后，应妥善处理捐献者遗体。

2．器官保存与修复供器官切取后一般采取单纯低温保存。如条件允许，建议对热缺血时间较长的供器官及边缘供体器官采取低温机械灌注。

3. 器官评估应综合供者/供器官特点进行评估，包括供者年龄、身高、体重、死亡原因、ICU住院时间及治疗过程等，以及供体器官质量、热缺血时间等。必要时可行病理检查，如有条件，可结合机械灌注及微量透析技术进行器官评估，以保证移植器官的质量与受者的安全。

（六）病例总结

对已完成的DCD案例进行病例总结（附件9），整理相关文件，上报医院器官捐献委员会/医院器官移植伦理委员会和PODC，备案管理。

执笔：刘永锋

编写组（按姓氏拼音排序）：

陈旭春　成东华　程　颖　李　弘

刘婷婷　孟一曼　石　蕊　吴　刚

审定专家（按姓氏拼音排序）：

陈　实　陈孝平　陈忠华　窦科峰　傅耀文

何晓顺　李　宁　刘　龙　刘永锋　彭承宏

彭志海　钱建民　沈中阳　石炳毅　谭建明

田　野　武小桐　薛武军　严律南　叶启发

于立新　臧运金　郑树森　朱继业　朱有华

附 件 1

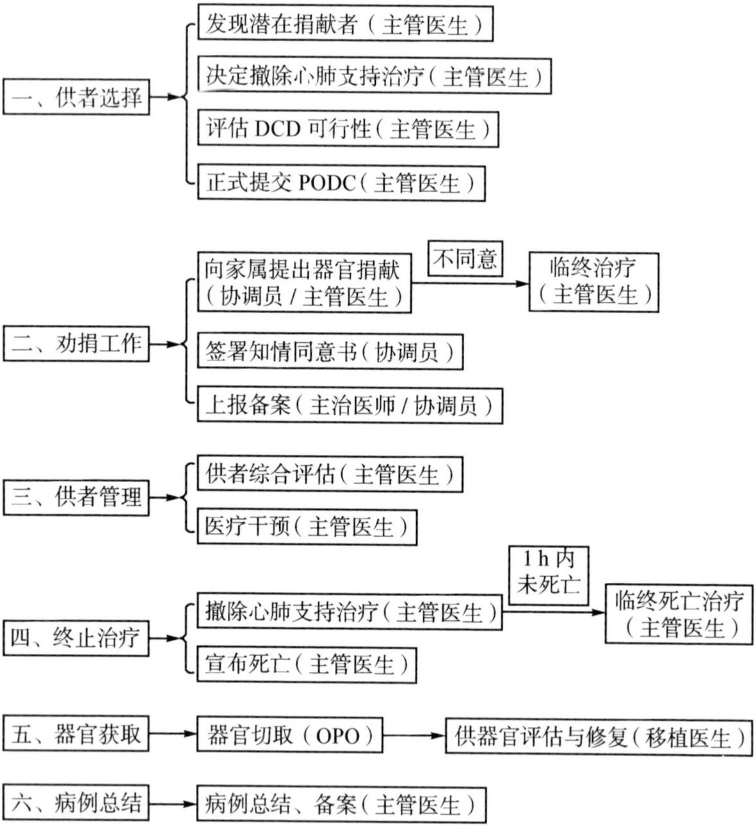

心脏死亡器官捐献流程图

附　件　2

心脏死亡器官捐献工作要点简表

步骤	负责人员	注　意　事　项
1．判定患者是否符合潜在捐献者标准	主管医生	对于即将发生心脏死亡的患者，如果预计患者在撤除心肺支持治疗60 min后仍可能存活，则患者不适合行DCD；对于脑死亡患者，应按心脏死亡器官捐献程序实施捐献工作
2．决定撤除心肺支持治疗	主管医生	撤除心肺支持治疗是DCD的必要条件。本《指南》不能够代替临床医生的诊断，撤除心肺支持治疗的决定须遵循相关既定原则和指导方针来进行
3．提交PODC	主管医生	将潜在器官捐献者的相关材料提交给PODC。PODC指派器官捐献协调员到达捐献医院，并指派OPO小组负责器官切取工作。OPO小组在医院器官捐献委员会/医院器官移植伦理委员会授权开始捐献后参与工作，并可以给予适当医疗干预建议
4．向家属提出器官捐献	主管医生/器官捐献协调员	向家属提出捐献的问题，家属同意行器官捐献后，告知家属全部器官捐献的相关问题。如果家属在决定撤除心肺支持治疗之前自行提出器官捐献，或患者清醒时提出捐献意愿，需要在医疗记录上详细记录
5．获得家属的知情同意（书面材料）	器官捐献协调员	获得家属的知情同意并与其签署正式的知情同意书。如果家属中有一方反对已知的潜在捐献者的意愿，应尊重家属的决定

续表

步骤	负责人员	注 意 事 项
6. 上报备案	主管医生/器官捐献协调员/医院器官捐献委员会/伦理委员会负责人	将潜在器官捐献者相关材料上报医院器官捐献委员会/医院器官移植伦理委员会备案，同时上报PODO
7. 综合评估及医疗干预	主管医生	综合评估应包括捐献者的一般资料及实验室检查等。医疗干预必须遵守知情同意和无害原则
8. 撤除心肺支持治疗	主管医生	器官切取或移植的团队不能参与撤除心肺支持治疗的过程。治疗小组负责准备并按照法律规定或医院政策执行临终护理和撤除心肺支持治疗
9. 若捐献者在特定时间范围内未死亡，则继续行临终治疗	主管医生	捐献者在撤除心肺支持治疗后，60 min内心搏未停止者，应终止器官捐献。在撤除心肺支持治疗前应考虑这种可能性并做好相应准备
10. 心脏死亡	主管医生	心脏死亡的判定标准：循环呼吸停止，反应消失。在可能的情况下，可以应用有创动脉血压监测和血管多普勒超声进行确认。不以心电监测为准
11. 观察期	主管医生	观察期至少为2 min，不能多于5 min
12. 宣布死亡	主管医生	由主管医生宣布死亡，详细记录死亡过程及死亡时间。不能由移植医生或OPO小组宣布死亡。一旦宣布死亡，就不能采取恢复循环的措施

续表

步骤	负责人员	注　意　事　项
13．器官切取	OPO	宣布死亡后，OPO小组方可介入，尽快开始切取手术，尽量减少热缺血时间。妥善处理捐献者遗体
14．器官保存与修复	移植医生或OPO	供器官切取后一般采取单纯低温保存。如条件允许，建议对热缺血时间较长的供器官及边缘供体器官采取低温机械灌注
15．器官评估	移植医生或OPO	应综合供者/供器官特点进行评估，必要时可行病理检查，如有条件，可结合机械灌注及微量透析技术进行器官评估
16．病例总结	主管医生	对已完成的DCD案例进行病例总结，整理相关文件，上报医院器官捐献委员会/医院器官移植伦理委员会和PODC，备案管理

附　件　3

UNOS评估系统

呼吸功能不全需要机械通气 □无呼吸　　□RR<8次/min　　□脱机期间RR>30次/min
严重氧合不足 □PEEP≥10且SaO_2<92%　　□FiO_2≥0.50且SaO_2<92% □V-V ECMO
依赖机械循环支持 □LVAD　　□RVAD　　□无起搏器辅助时心率<30次/min □V-A ECMO

续表

依赖药物来辅助循环 □去甲肾上腺素、肾上腺素，或苯肾上腺素≥0.2 μg/（kg·min） □多巴胺≥15 μg/（kg·min）
IABP及收缩力支持 □IABP1：1模式或多巴酚丁胺/多巴胺≥10 μg/（kg·min）且CI≤2.2 L/（min·m^2） □IABP1：1模式且CI≤1.5 L/（min·m^2）

RR=呼吸频率；LVAD=左心室辅助装置；RVAD=右心室辅助装置；V-A ECMO=静脉-动脉体外膜肺氧合（肺支持）；PEEP=呼气末正压；SaO_2=动脉血氧饱和度；FiO_2=吸入氧浓度；V-V ECMO=静脉-静脉体外膜肺氧合（肺支持）；IABP=主动脉内球囊反搏；CI=心指数。

说明：该评估标准可以用于评估患者是否为潜在捐献者。同时，也可预测患者在撤除心肺支持治疗后60 min内死亡的可能性。

附件4　威斯康星大学评分系统

美国威斯康星大学标准（UW标准）-预测患者在撤除生命支持治疗后60 min内死亡的标准（DCD评估工具）

指　　标	分　　值	患者分数
脱机后10 min后的自主呼吸		
频率>12	1	
频率<12	3	
TV>200 cm^3	1	
TV<200 cm^3	3	
NIF>20	1	
NIF<20	3	
无自主呼吸	9	

续表

指　　标	分　　值	患者分数
BMI		
<25	1	
25～29	2	
≥30	3	
升压药		
无升压药	1	
一种升压药	2	
多种升压药	3	
患者年龄		
0～30岁	1	
31～50岁	2	
>51岁	3	
插管		
气管内插管	3	
气管切开	1	
脱机后10 min后的氧合		
SaO_2≥90%	1	
$SaO_2$80%～89%	2	
SaO_2≤79%	3	
总计		
脱机日期、时间		
呼气日期、时间		
总时间		

TV=潮气量；NIF=负吸气力　得分：8～12=拔管后死亡的风险性低；13～18=拔管后死亡的风险性中等；19～24=拔管后死亡的风险性高。

附件5　捐献者基本资料

捐献者所在医院

住院号：____________

一般项目及病史

姓名____________　民族____________　血型____________

性别____________　职业____________　体重____________

年龄____________　出生地__________　身高____________

BMI______________　BP（请写出应用的升压药及剂量）

TPR

使用呼吸机：是□　否□　呼吸机模式______________

HIV感染：阳性□　阴性□

HIV-RNA定量

梅毒：阳性□　阴性□

乙型肝炎：阳性□　阴性□

丙型肝炎：阳性□　阴性□

未治疗的脓毒血症：阳性□　阴性□

血细菌培养　阳性□　阴性□

尿　阳性□　阴性□

痰　阳性□　阴性□

其他（　　　）阳性□　阴性□

真菌培养（推荐）血　阳性□　阴性□

尿　阳性□　阴性□

痰　阳性□　阴性□

其他（　　　）阳性□　阴性□

其他重要脏器损伤：有□　无□（若有，请注明________________）

诊断：

____

原发病：

____

本次入院简要诊疗经过（注明用药情况）：

____

____

____

____

既往史：

____

手术史：

____

输血史：

____

过敏史：

____

个人史：吸烟：______________________________

饮酒：______________________________

婚育史：____________________________

附件6　捐献者综合评估表

捐献者所在医院

住院号：__________

报送PODC资料中推荐包括以下项目并应附相应检测结果

○　血型及血细胞分类计数血清离子

○　尿液分析及尿培养

○　PT/APTT/PTA/INR/FIB

○　肝功能/肾功能/血糖/血脂

○　动脉血气分析

○ 传染性疾病的血清学测试

○ 尿HCG（育龄期女患者）

○ 痰培养

○ 血细菌培养

○ 血真菌培养（推荐）

○ 组织配型（推荐）

○ 肝胰脾肾超声

○ 胸片

附件7　供者管理记录表

捐献者所在医院

日期：________年____月____日　时间：______

器官捐献协调员：____________________

死亡确认医生：____________________

监测记录：心率、脉搏、血氧饱和度、收缩压（有创/无创）、舒张压（有创/无创）、呼吸频率。

1. 肝肾功能及血气动脉血气分析

生化分析	结 果	时间	动脉血气	结果	时间
Urea			pH		
Creat			PO_2		
AST			PCO_2		
ALT			HCO_3^-		
GGT			BE		
ALP			FiO_2		
TBil					

2. 医疗干预用药情况

用药	输入途径	剂量	开始日期/时间	停止日期/时间

3. 撤除生命支持治疗

项　　目	日期/时间
停止机械通气	
SBP<60 mmHg	
死亡	

附件8　供者管理记录表

捐献者所在医院

时间：________________

器官捐献协调员：________________

死亡确认医生：________________

1. 插管及灌注

插管时间	
插管位置	
原位灌注开始时间	

2. 在手术室中需记录

项　　目	日期/时间
手术开始	

续表

项　　目	日期/时间
肝脏切取完毕	
肾脏切取完毕	
肺脏切取完毕	
手术结束	

小组1
手术医生：________
助　　手：________
灌　　注：________
医　　院：________

小组2
手术医生：________
助　　手：________
灌　　注：________
医　　院：________

附件9　病例总结表

捐献者医院							
捐献者姓名		性别		年龄		血型	
身份证号							
户籍详细地址							
捐献器官	器　　官	移植医院					
	□左肾						
	□右肾						
	□肝						
	□左肺						
	□右肺						
	□胰腺						
器官获取时间	年　　月　　日　　时　　分						

续表

经办人意见：   年　　月　　日
科室负责人意见：   年　　月　　日

（注：此表供存档使用）

参考文献

[1] 黄洁夫. 推动我国器官移植事业发展的关键性举措[J]. 中华器官移植杂志，2011，32：1-4.

[2] 卫生部脑死亡判官标准起草小组. 脑死亡判定标准（成人）：修订稿[J]. 中国脑血管病杂志，2009，6（4）：220.

[3] 卫生部脑死亡判定标准起草小组. 脑死亡判定技术规范：修订稿[J]. 中国脑血管病杂志，2009，6（4）：220-224.

[4] Australian and New Zealand Intensive Care Society. The ANZICS Statement on Death and Organ Donation [M]. 3rd ed. Melboume：ANZICS，2008.

[5] Rogers W. Ethical Issues in Donations after Cardiac Death [M]. Sydney：DCD Stakeholder Wokshop，2009.

[6] National Health and Medical Research Council Proposal from DoHA for the development of a National Donation after Cardiac Death Protocol/Statement// Studies NIoC，editor，2008：1-15.

[7] Rudich S，Brooks M，Zawistowski C，et al. Multicentre，study to validate UNOS criteria for predicting death within 60 minutes following withdrawal of life sustaining treatment [J]. Transplantation，2006，82（1）：1059.

[8] Mateo R，Cho Y，Singh G，et al. Risk factors for surival after liver transplantation from donation after cardiac death danors：an analysis of

OPTN/UNOS data [J] . Am J Transplant, 2006, 6 : 791–796.

[9] Van Raemdonek DE, Rega FR, Neyrinck AP, et al. Non heart beating donors [J] . Semin Thorae Cardiovasc Surg, 2004, 16 : 309–321.

[10] Jonathan L, Jarnes P, Helen N, et al. Development of the University of Wisconsin Donation after Cardiac Death Evaluation Tool [J] . Transplantation, 2003, 13 (4) : 265–273.

[11] Sam DS, Andrew JB, Greg K, et al. Donation after cardioceculatory death in Canada [J] . CMAJ, 2006, 8 (suppl) : 1–24.

[12] Hattori R, Ono Y, Yoshimura N, et al. Long–term outcome of kidney transplant using non heart beating donor: multicenter analysis of' factors affecting graft survival [J] . Clin Transplant, 2003, 17 (6) : 518–521.

[13] Guidelines for the determination of death. Report of the medieal consultants on the diagnosis of death to the President' s Commission for the Study of Ethical Problems in Medicine and Biomedical and Behavioral Research [J] . JAMA, 1981, 246 (19) : 2184–2186.

[14] Potts TI'. Non heart beating organ transplantation: Medical and Ethical Issues in Procurement [M] . Washington DC: Institute of Medicine (IOM) , 1997.

[15] University of Pittsburgh Medical Center. Policy and Procedure Manual [J] . Kennedy Institute at Ethics Journal, 1992, 3 (2) : A1–A15.

[16] Institute of Medicine, National Academy of Sciences. Non heart beating organ transplantation: Practice and Protocols [M] . Washington DC: National Acarlemy Press, 2000.

[17] Ethics Committee, American College of Critical Care Medicine, Society of Critical Care Medicine. Recommendations for non heart beating organ donation. A position paper by the Ethics Committee, American College of Critical Care Medicine, Society of Critical Care Medicine [J] . Crit Care Med, 2001, 29 (9) : 1826–1831.

[18] Robertson J. The dead donor rule [J] . Hastings Cent Rep, 1999, 29

(6): 6-14.
[19] Howard RJ, Schald JD, Carnell DL. Cardiac A 10-year analysis of argan donation after cardiac death in the United States [J]. Transplantation, 2005, 80: 564-568.
[20] Squifflet JP. Why did it take so long to start a non heart heating donor prn-gram in Belgium? [J]. Acta Chir Belg, 2006, 106 (5): 485-488.
[21] Koostra G. Categories of non heart beating donors [J]. Transplant Proc, 1995, 27 (5): 2893-2894.
[22] Sanehez-Fmetuosos AI, Prats D, Torrente J, et al, Renal Transplanta-tion from non heart beating donors: a promising alternative to Enlarge the Donor Pool [J]. J Americ Society Nephrology, 2000, 11: 350-358.
[23] Merion RM, Schaubel DE, Dykstra DM, et al. The survival benefit of liver transplantation [J]. Am J Transplant, 2005, 5 (2): 307-313.
[24] Palyak MM, Arrington BO, Kapur S, et al. Donor treatment with phento-lmnine mesylate improves machine preservation dynarales and early renal allogwaft function [J]. Transplantation, 2000, 69 (1): 184-186.

附录2　卫生部关于器官捐献相关文件

卫生部关于委托中国红十字会开展人体器官捐献有关工作的函（卫医管函〔2010〕25号）

中国红十字会总会：为推动建立我国人体器官捐献体系，进一步规范人体器官移植工作，保障人民群众的健康权益，根据《人体器官移植条例》的有关规定，我部委托你会开展人体器官捐献有关工作。

具体委托事项如下：

1．负责全国人体器官捐献的宣传动员、报名登记、捐献见证、缅怀纪念、救助激励等工作。

2．负责建立人体器官捐献工作队伍并负责开发和维护国家人体器官捐献者登记管理系统，建立国家人体器官捐献者资料数据库。

3．负责设立并管理人体器官捐献基金。

4．负责指导各级红十字会开展人体器官捐献相关工作。

本函自即日起生效

二〇一〇年一月二十五日

（信息公开形式：依申请公开）

关于印发人体器官捐献试点工作方案的通知（红总字〔2010〕13号）

天津市、辽宁省、上海市、江苏省、浙江省、福建省、江西省、山东省、湖北省、广东省红十字会和卫生厅（局）及各有关单位：

为建立我国人体器官捐献体系，促进人体器官移植健康发展，保障人民群众的健康权益，根据《人体器官移植条例》的有关规定，中国红十字会总会与卫生部决定共同开展人体器官捐献试点工作。现将《中国人体器官捐献试点工作方案》（见附件）印发给你们，请结合本地区、本部门实际，制定实施细则，积极稳妥地推进人体器官捐献试点工作。为此，提出以下几点要求：

1．建立人体器官捐献工作组织机构和队伍。各试点地区相关部门之间要加强沟通，互相支持，按照试点方案要求组建人体捐献工作组织机构和队伍，要加强与公安、交通、司法、民政等部门合作和协调，获得各方面的支持，克服各种困难，努力把这项工作扎实推向前进。

2．做好人员培训工作。在试点启动的初期要对从事器官捐献的工作人员、志愿者队伍、协调员队伍进行培训，培训内容应当包括红十字人道精神、人文关怀、伦理学、心理学、人体器官捐献与移植专业知识等方面的内容。试点省（市）级人体器官捐献专家组和协调员队伍须接受人体器官移植技术临床应用委员会所建立的中国器官移植等待者登记管理系统和中国人体器官移植分配管理系统的操作培训，确保器官分配符合医学需要，遵循《人体器官移植条例》规定的公平、公正、公开的原则。

3．确保该项工作的启动经费和工作经费。积极落实人体器官捐献试点工作启动经费，多渠道筹集资金，适时建立人体器官捐献基金，保障人体器官捐献工作的顺利进行。

4．高度重视新闻宣传工作。各试点单位要充分认识该项工作对外宣传的重要性、敏感性，准确把握舆论导向，统一制作宣传资料和宣传品，统一宣传口径；明确职责分工，建立新闻发言人制度，定期对公众和媒体发布相关信息。

5．探索建立补偿救助机制和激励机制，确保捐献工作持续健康发展。在试点过程中与相关部门共同探索器官移植费用的合理构成，适时协调有关部门制定相关收费标准。探索建立对捐献者家属的补偿机制。对生活困难的捐献者家属要有一定的人道救助。对从事器官捐献工作成绩突出的单位和个人进行表彰奖励。

6．要在总的目标、原则一致的基础上，探索制定符合本地区实际的实施细则。该实施细则应当包括组织机构、人员组成、工作机制、具体流程、工作规范、队伍建设、监督机制等方面的内容。

各地应在2010年3月15日前将本地区《人体器官捐献试点工作实施细则》报中国红十字会总会赈济救护部和卫生部医管司。

中国红十字会总会赈济救护部

联系人：曹橙　侯峰忠

联系电话：010-64025130

传真：010-64025130

电子邮箱：hsrcsc@126．com

卫生部医疗服务监管司

联系人：杜冰

联系电话：010-68792773

传真：010-68792959

电子邮箱：mohygspjc@163．com

附件：中国人体器官捐献试点工作方案

二〇一〇年三月一日

（信息公开形式：依申请公开）

附件：中国人体器官捐献试点工作方案

为促进我国人体器官移植事业健康发展，更好地保护人的生命和健康，根据《人体器官移植条例》的有关规定，中国红十字会总会与卫生部就建立人体器官捐献工作体系、开展器官捐献工作达成共识，决定共同开展人体器官捐献试点工作。本方案所称人体器官捐献，是指下列两种情况：①有完全民事行为能力的公民通过书面自愿申请器官捐献登记，并且没有撤销该登记，待其身故后进行的器官捐献；②公民生前未表示不同意捐献其人体器官，待其身故后，其配偶、成年子女、父母以书面形式共同表示同意的器官捐献。

一、试点目标

通过广泛社会宣传、教育和动员，普及器官移植知识，传播“人道、博爱、奉献”的红十字会精神，宣传相关政策，提高全社会对人体器官捐献在救死扶伤、保护人的生命和健康方面重要性、科学性的认识，鼓励公民自愿捐献器官，树立崇尚科学、移风易俗、尊重生命、友爱奉献的新风尚。

通过试点，积累经验，探索建立人体器官捐献的组织机构、工作机制、规章制度、工作队伍、信息平台、保障措施和监督机制，逐步形成科学、公正、高效的人体器官捐献体系，促进我国人体器官移植事业健康发展，更好地保护人的生命和健康。

二、试点原则

（一）依法工作，规范有序

严格按照《中华人民共和国红十字会法》、《人体器官移植条例》等法律、法规和规章要求，认真制定和执行人体器官捐献的技术标准、管理办法、工作流程等，使人体器官捐献工作有法可依、有章可循。

（二）密切协作，积极稳妥

各级红十字会与卫生行政部门密切协作，本着先易后难、循序渐进的原则，通过试点，摸索出成功经验，有计划、有重点、有步骤地推进全国人体器官捐献体系建设。

（三）统一标准，科学管理

中国红十字会总会与卫生部制定统一的捐献者登记表和人体器官移植等待者登记表，建立中国人体器官捐献者登记管理系统、中国人体器官移植等待者登记管理系统和中国人体器官分配管理系统，明确数据标准，规范信息采集、录入、分配管理等行为。

（四）加强监督，确保公平

借鉴国际先进经验，考虑地域、病情、配型、申请时间、预期效果等因素，制定科学的器官分配原则，通过多种渠道，接受社会监督，卫生行政部门加强监管，保证器官使用的公平、公正、透明，保障人民群众的健康权益。

三、试点范围和进度

（一）试点范围

中国红十字会总会与卫生部研究决定，首批在天津、辽宁、上海、江苏（南京）、浙江、福建（厦门）、江西、山东、湖北（武汉）、广东等10个省、市开展人体器官捐献试点工作。

（二）试点进度

2010年3月前为试点准备阶段，3月初召开由相关部门和单位参加的人体器官捐献试点工作会议，正式启动试点工作。试点时间暂定一年，试点结束后，中国红十字会总会与卫生部将根据试点情况确定下一步工作安排。

四、组织机构及职责

中国人体器官捐献体系（China Organ Donation System，CODS）由国家和省（区、市）两级人体器官捐献组织机构构成（中国人体器官捐献体系组织结构图见附图1）。

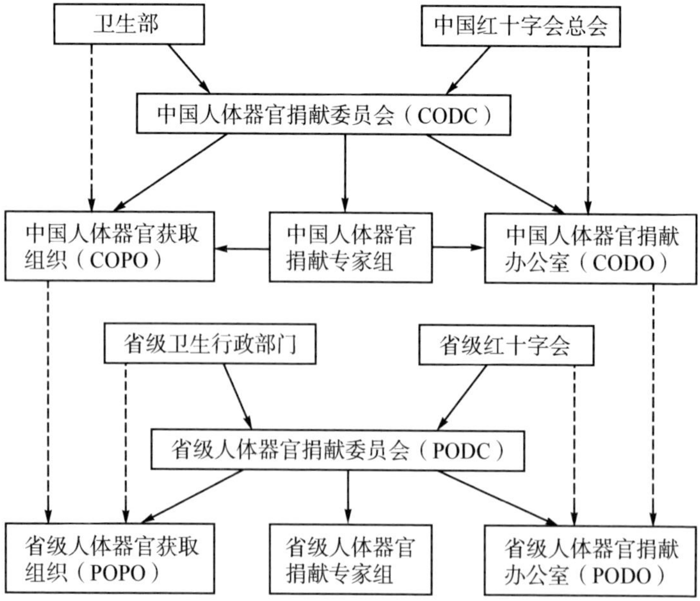

附图1　中国人体器官捐献体系组织结构

（一）国家级人体器官捐献组织机构。

1．中国人体器官捐献委员会（China Organ Donation Committee，CODC） 是最高管理机构，由中国红十字会总会和卫生部共同组建，负责组织相关专家拟订中国人体器官捐献体系建设方案；拟订人体器官登记、获取、分配原则；负责监督、指导中国人体器官捐献办公室、人体器官移植技术临床应用委员会、中国人体器官获取组织以及省级人体器官捐献工作，建立人体器官捐献工作评估体系；对省级人体器官捐献委员会进行监督、指导。

2．中国人体器官捐献办公室（China Organ Donation Office，CODO） CODO设在中国红十字会总会赈济救护部，是CODC下设的日常工作机构，负责全国器官捐献宣传、动员；负责组织并管理人体器官捐献志愿者队伍和人体器官捐献协调员队伍；负责对从事人体器官捐献和移植的相关人员开展红十字运动基本知识、人文关怀、社会心理等方面的培训；负责建立和维护中国人体器官捐献者登记管理系统；对器官捐献进行见证；负责接收政府拨款与社会捐赠，建立并管理人体器官捐献基金；建立激励和救助机制，对困难捐献者家属实施救助；开展对器官捐献者的缅怀、纪念；对有突出贡献的单位和个人予以表彰；负责协调人体器官移植技术临床应用委员会和中国人体器官获取组织开展工作；对省级人体器官捐献办公室进行监督、指导。

3．人体器官移植技术临床应用委员会（Organ Transplant Committee，OTC） 卫生部已成立人体器官移植技术临床应用委员会，负责组织相关专家拟订全国人体器官移植技术临床应用规范，对省级卫生行政部门上报的人体器官移植技术临床应用规划提出评议意见；负责为CODC、CODO、COPO提供技术咨询、政策建议和决策参考；负责对从事人体器官捐献和移植的相关人员开展法规、政策、技术等方面的培训；负责建立和维护中国人体器官移植等待者登记管理系统和中国人体器官分配管理系统；对省级人体器官捐献专家组进行监督、指导。

4. 中国人体器官获取组织（China Organ Donation Committee，COPO） COPO接受监督指导，负责全国器官获取；负责对人体器官获取专家开展技术方面的培训；对省级人体器官获取组织进行监督、指导。

（二）省级人体器官捐献组织机构

1. 省级人体器官捐献委员会（Provincial Organ Donation Committee，PODC） 为CODC的组成部分，负责省级人体器官捐献工作的管理，人员组成由省级红十字会和省级卫生行政管理部门共同确定并报CODC批准；负责监督指导省级人体器官捐献办公室、省级人体器官捐献专家组和省级人体器官获取组织的工作。

2. 省级人体器官捐献办公室（Provincial Organ Donation Office，PODO） PODC设在省（区、市）红十字会，是PODC下设的日常工作机构。负责所在省的器官捐献宣传、动员；根据需要设立下级人体器官捐献组织机构；负责招募并管理辖区内人体器官捐献志愿者队伍和人体器官捐献协调员队伍；负责对辖区内从事人体器官移植的相关人员开展红十字运动基本知识、人文关怀、社会心理等方面的培训；负责向中国人体器官捐献者登记管理系统登记捐献者信息；对器官捐献进行见证；负责接收政府拨款与社会捐赠，建立并管理省级人体器官捐献基金；制定救助原则，对困难捐献者家属实施救助；开展对器官捐献者的缅怀、纪念；负责协调省级人体器官捐献专家组和省级人体器官获取组织开展工作；对有突出贡献的单位和个人予以表彰等。

PODO负责组建并管理人体器官捐献志愿者队伍，人体器官捐献志愿者由PODO在社会上招募并进行培训，协助PODO开展日常工作。

PODO在医院、急救等部门组建器官捐献协调员队伍，人体器官捐献协调员由PODO聘任、培训和管理。协调员由相关机构的专业人员担任，以红十字会志愿者身份出现，协调员资质要求由PODC制定，协调员数量由PODO根据需要在相关机构设置。协调员在所在机构开展工作，主要职责为：开展人体器官捐献宣传；发现潜在捐献者；组织协调登记。

3. 省级人体器官捐献专家组　专家组为PODC的下属机构，组成人员由PODC聘任，负责为PODC、PODO、POPO提供技术咨询、政策建议和决策参考；负责对从事人体器官捐献和移植的相关人员开展法规、政策、技术等方面的培训；按照人体器官分配管理系统自动生成的移植受者名单，指导、协调捐献器官的使用；对医院人体器官移植技术临床应用与伦理委员会进行监督、指导。

4. 省级人体器官获取组织（Provincial Organ Procurement Organizations，POPO）　POPO接受COPO、PODC以及所在地省级卫生行政部门的监督指导；负责组织人体器官获取专家对从事人体器官获取有关工作人员开展器官获取方面的技术培训；负责协调、指导、实施所在省的人体器官获取等工作。

五、工作流程

（一）器官捐献流程

公民可以通过书面向PODO申请人体器官捐献登记，或者由人体器官捐献协调员在医疗机构中发现潜在捐献者，如果潜在人体器官捐献者或其配偶、成年子女、父母有捐献意愿，则由协调员帮助完成捐献手续，公证相关资料，并报送PODO，经PODO确认，将捐献者相关资料录入中国人体器官捐献者登记管理系统。

（二）器官获取流程

当完成登记的捐献者在临床上达到待捐献状态时，由捐献者所在的医院进行医学检查，所在医院协调员将捐献者的相关信息报送PODO，由PODO通知POPO进行人体器官获取，POPO根据人体器官捐献标准进行判断，确保有效捐赠，最后按人体器官获取标准进行器官切取并保存。

（三）分配流程

由省级人体器官专家组根据中国人体器官分配原则（分配原则将另行下发）对捐献器官进行分配。PODO要对器官捐献和移植的过程进行见证。

（四）遗体处理流程

器官捐献者完成捐献后的遗体，由医院进行符合伦理原则的医学处理，恢复遗体原貌，对于有遗体捐献意愿的捐献者，由PODO联系遗体接收站接收，对于没有遗体捐献意愿的捐献者或不符合接收条件的捐献者，由PODO移交其家属并协助处理善后事宜。

（五）困难救助流程

PODO根据PODC制定的救助原则，拟订救助方案和流程，报PODC，PODC应规划建立纪念碑、纪念林、纪念馆或纪念网站等，缅怀和纪念器官捐献者，并为捐献者家属提供缅怀亲人的场所。

（中国人体器官捐献工作流程图见附图2）

六、试点内容

（一）建立健全组织机构并配备人员

各试点省、市红十字会和卫生行政部门应根据本试点方案所明确的相关职责，建立健全组织机构并配备相应的工作人员。各试点省（市）红十字会和卫生行政部门应建立PODC、PODO、专家组和POPO，明确分管领导。PODO应配备3名以上专、兼职工作人员负责日常工作，招募组建人体器官捐献志愿者队伍，逐步建立人体器官捐献协调员队伍。

（二）积极开展宣传、动员工作

各试点省（市）红十字会、卫生行政部门、器官移植定点医院、新闻媒体以及相关部门要通过各种方式对器官捐献意义进行宣传，争取社会公众的理解、支持和关心，努力营造一个拯救生命、捐献光荣的社会氛围。同时，要针对医院、学校等特定场所和ICU住院患者、驾驶员等人群重点开展宣传，还要大力宣传捐献的程序和途径，使有捐献意愿者能方便地实现其捐献愿望。

（三）建立完善各类规章制度和技术标准，扎实开展工作

按照人体器官捐献工作流程要求积极稳妥地开展工作，要制定和完善各类规章制度、技术标准、救助标准，要及时总结经验，不断改进工作，探索建立科学合理的人体器官捐献的职责分工、工作流程、激励机制，促进人体器官捐献事业持续健康发展。

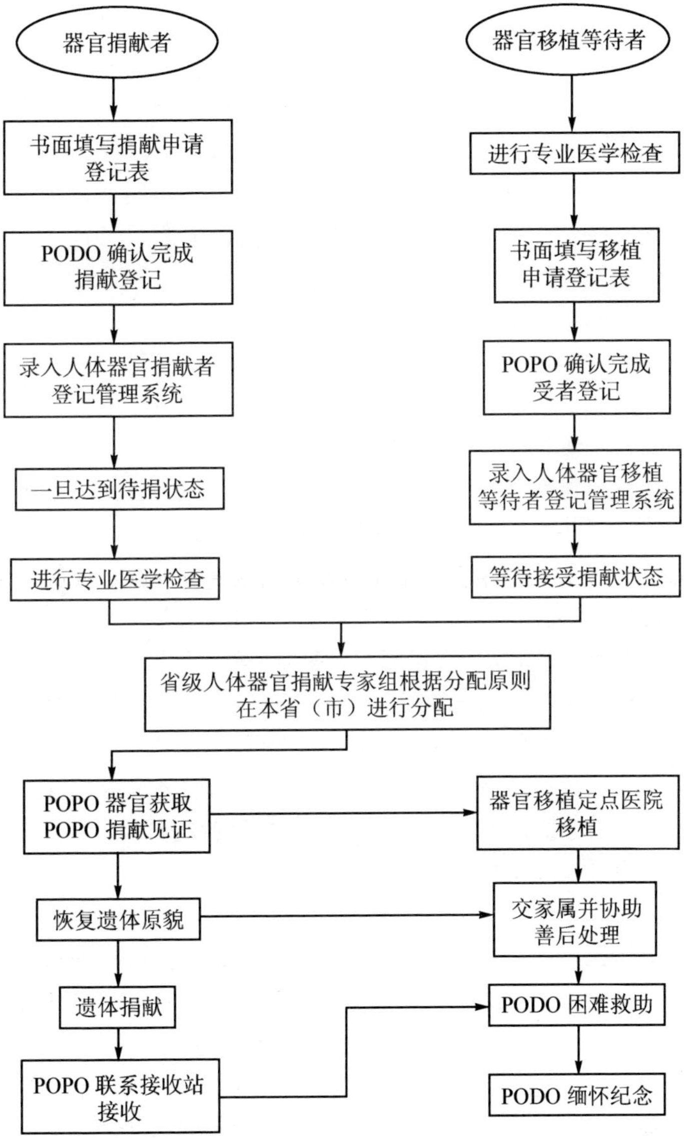

附图2　中国人体器官捐献工作流程

七、保障措施

（一）统一思想认识，加强组织领导

这项工作卫生行政部门从技术、行政、政策、法律上提供全面支持，红十字会做好具体工作，各试点省（市）红十字会、卫生行政部门、移植定点医院以及相关部门要高度重视人体器官捐献工作，要站在对国家、对人民、对事业负责的高度，尽快建立人体器官捐献组织机构，大力开展人体器官捐献的宣传，克服各种困难，努力把这项工作扎实推向前进。

（二）多渠道筹集人体器官捐献运行资金

积极落实人体器官捐献试点工作启动经费，可以采取“政府投入一点，医院支持一点，社会募捐一点，受益者拿出一点”的方式，多渠道筹集资金，试点红十字会适时建立人体器官捐赠基金，保障人体器官捐献工作的顺利进行。该基金将主要用于开展人体器官捐献的宣传动员、困难救助、缅怀纪念、表彰奖励、机构运行及信息平台建设维护等相关工作，确保人体器官捐献工作持续健康发展。

（三）建设人体器官捐献与分配信息平台

中国人体器官捐献者登记管理系统和中国人体器官捐献网站的硬件、软件系统统一建在CODO，并由CODO负责日常维护。中国人体器官移植等待者登记管理系统和中国人体器官分配管理系统由OTC负责建立和管理。CODO和OTC均可授权所属省级机构负责本区域内该项工作的管理，并加强监督。

（四）建立人体器官捐献工作评估体系

由CODC建立人体器官捐献工作评估体系，对试点工作中相关机构、人员及工作进行中期及终末评估，试点期满后进行工作总结。

（五）统一宣传口径，建立新闻发言人制度

明确宣传纪律，制定宣传预案，统一宣传口径，准确把握舆论导向。建立新闻发言人制度，通过新闻媒体和各种方式，向社会公众广泛进行政策和法规的宣传，加强与媒体的沟通，最大限度地争取社会公众的理解和支持。

（六）周密计划，认真组织，精心实施

各试点省（市）要制定本地的实施意见。制定一年试点工作计划，明确各阶段的主要工作任务和要求。

非试点省份和城市可参照本方案执行。

关于将湖南省纳入全国开展人体器官捐献工作试点的批复（红总字〔2010〕68号）

湖南省红十字会、卫生厅：

你会（厅）《关于将湖南省纳入全国开展人体器官捐献工作试点省份的请示》（湘红报〔2012〕9号）收悉。经中国红十字会总会、卫生部研究决定，同意将你省纳入开展中国人体器官捐献工作试点省份。请按《中国人体器官捐献试点工作方案》的要求并结合实际，制定实施细则，积极稳妥地推进人体器官捐献试点工作。

特此批复。

二〇一〇年六月二十三日

卫生部关于印发《中国人体器官分配与共享基本原则和肝脏与肾脏移植核心政策》的通知（卫医管发〔2010〕113号）

各省、自治区、直辖市卫生厅局，新疆生产建设兵团卫生局：

为更好地贯彻落实《人体器官移植条例》，规范人体器官分配，积极稳妥地推进我国人体器官捐献试点工作，根据我国国情，遵循公平、公正、公开的原则，我部制定了《中国人体器官分配与共享基本原则和肝脏与肾脏移植核心政策》（以下简称《基本原则和核心政策》），并开发了中国肝脏、肾脏分配与共享计算机系统（以下简称分配系统），逐步完善我国人体器官分配与共享工作，实现公平、公正、公开的分配器官，切实维护广大人民群众的健康权益。现将《基本原则和核心政策》印发给你们，请遵照执行。

各省级卫生行政部门要组织有关单位认真贯彻落实，在人体器官移植工作中使用分配系统合理分配人体器官。同时，要加强对人体器官分配的监督检查，确保施行。

二〇一〇年十二月二十七日

（信息公开形式：主动公开）

中国人体器官分配与共享基本原则和肝脏与肾脏移植核心政策

一、人体器官分配与共享基本原则

（一）总则

申请人体器官移植手术患者的排序，应当符合医疗需要，遵循公平、公正和公开的原则。

（二）基本原则

1．人体器官分配与共享应当符合医疗的需要。

2．移植医院根据合理的医学判断，有权为其移植等待者拒绝接受不合适的器官。

3．人体器官分配与共享按照移植医院，省（直辖市、自治区）、全国3个级别逐级进行器官的分配与共享。

4．人体器官分配与共享过程中应当避免器官的浪费，最大限度地增加患者接受移植手术的机会，提高器官分配效率。

5．在确保尽量降低移植等待者名单的患者死亡率的前提下，优化器官与移植等待者的匹配质量，提高移植受者的术后生存率和生存质量。

6．保证器官分配的公平性，减少因生理、病理和地理上的差异造成器官分布不均的情况。

7．定期对人体器官分配与共享政策进行审核和适当修订。

（三）实施目标

1．降低移植等待者名单的患者死亡率。

2．提高移植受者的术后生存率。

3．消除核心的移植等待者排序规则和器官匹配政策对不同疾病和不同生理条件所产生的不公平性。

二、肝脏分配与共享核心政策

（一）数据收集

“肝移植等待者数据收集表”用于采集将肝移植等待者加入等待者名单时所需要的医学信息，以及记录肝移植等待者在等待期间的医疗变化情况。肝移植等待者加入等待者名单前，移植医院必须在分配系统中提交真实、完整、有效的“肝移植等待者数据收集表”。

（二）肝移植等待者名单

肝移植等待者名单是指在未获得器官捐献者肝脏医学特征的情况下，按照排序规则输出的一个有序的、等待肝移植手术的患者名单。排序规则包括：

1．肝移植等待者医疗紧急度评分　所有肝移植等待者在列入肝移植等待者名单之前都必须获取一个有效的医疗紧急度评分，用于肝移植等待者名单的排序。医疗紧急度评分的最高级别是超紧急状态，不符合超紧急状态的等待者依据终末期肝病模型/小儿终末期肝病模型（以下简称为MELD/PELD）评分，得到的分数按照由高到低的顺序排列。

早期肝细胞肝癌（以下简称HCC）患者可申请HCC特例评分（详见第四项），申请成功者将获得MELD评分22分（12岁或以上肝移植等待者）或PELD评分32分（12岁以下肝移植等待者）。

2．肝移植等待时间　为消除主观判断和人为因素引起的不公平性，客观地反映肝移植等待者真正等待肝脏移植的时间，肝移植等待时间的计算应当与肝移植等待者医疗紧急度评分以及每个评分的停留时间相结合。

超紧急状态的肝移植等待者在肝移植等待者名单上的等待时间将随着停留在超紧急状态的时间自然增加。

在同一个肝移植等待者名单上，处于某一MELD/PELD评分的肝移植等待者的等待时间计算如下：

肝移植等待者的等待时间=当前MELD/PELD评分的累计等待时间+比当前MELD/PELD评分分值高的MELD/PELD评分的累计等待时间

（三）肝移植匹配名单

肝移植匹配名单是指结合器官捐献者肝脏的医学特征、肝移植等待者自身的医疗紧急度、肝移植等待者与器官捐献者肝脏的匹配程度等因素，在分配系统中输出的一个有序的肝移植等待者的器官匹配名单。

影响匹配名单排序的主要因素依次为：

1．地理因素　以移植医院内的移植等待者名单作为基本的分配区域进行器官移植等待者的排序与器官的匹配。按照器官捐献者与等待者的相对地理位置，推行各省行政区域内和全国范围内的器官共享。各省成立省级人体器官获取组织（Provincial Organ Procurement Organizations，以下简称POPO），利用分配系统负责协调器官的获取与运送，POPO下辖一个或几个器官获取组织（Organ Procurement Organizations，以下简称OPO），OPO的数量及服务区域由各省级卫生行政部门根据本省（区、市）实际情况确定。

进行器官匹配的最小分配区域为移植医院的移植等待者名单，并按照如下顺序逐级扩大分配区域，直至匹配到合适的等待者。

（1）移植医院分配区域：指移植医院内的移植等待者名单（适用于肝脏捐献者所在的医院具备肝移植资质的情况）。

（2）OPO分配区域：指OPO服务区域内的所有移植医院的移

植等待者名单（适用于肝脏捐献者所在的医院不具备肝移植资质的情况）。

（3）分配区域：指省级行政区域内所有移植医院等待者名单。

（4）全国分配区域：指全国所有移植医院的移植等待者名单。

2. 年龄因素　12岁以下的儿童捐献者的肝脏优先分配给12岁以下的儿童肝移植等待者。

3. 医疗紧急度评分　在同一个分配区域内的肝移植等待者按照不同的医疗紧急程度进行排序。医疗紧急度评分的最高级别为超紧急状态，不符合超紧急状态的肝移植等待者根据MELD/PELD评分得到的分数从高分到低分进行排列。

4. 血型匹配　肝移植等待者与器官捐献者的ABO血型应当相同或相容，方可进行器官匹配。对于与器官捐献者ABO血型不相容的肝脏匹配仅限于超紧急状态或MELD/PELD评分≥30分的肝移植等待者。

5. 器官捐献者及其直系亲属的优先权　为鼓励器官捐献，赞扬器官捐献者挽救他人生命的奉献精神，尸体器官捐献者的直系亲属或活体器官捐献者如需要接受肝移植手术，排序时将获得合理的优先权。

6. 等待时间　在同一个分配区域内、获得同一医疗紧急度评分的肝移植等待者，根据等待时间与血型匹配的综合得分进行排序。

三、肾脏分配与共享核心政策

（一）数据收集

“肾移植等待者数据收集表”用于采集将肾移植等待者加入等待者名单时所需要的医学信息，以及记录肾移植等待者在等待期间的医疗变化情况。肾移植等待者加入等待者名单前，移植医院须在分配系统中提交真实、完整、有效的“肾移植等待者数据收集表”。

（二）肾移植等待者名单与肾移植等待时间

肾移植等待者名单是指在尚未获得器官捐献者肾脏医学特征的情况下，按照排序规则输出的一个有序的、等待肾移植手术的患者名单。

肾移植等待者的排序以等待时间为主要排序指标。为了能够真实、客观地反映肾移植等待者真正等待肾脏移植的时间，计算时应当结合肾移植等待者接受透析治疗的起始时间。肾移植等待者，如果在加入肾移植等待者名单时尚未开始接受透析治疗，其等待肾移植的起始时间应当为该等待者之后接受透析治疗的起始时间。如果等待者在加入肾移植等待者名单前已接受透析治疗，等待时间应当从加入肾移植等待者名单的一刻起开始计算。

（三）肾移植匹配名单

肾移植匹配名单是指结合器官捐献者肾脏的医学特征、肾移植等待者的自身情况和其他匹配因素在器官匹配系统中输出的一个有序的肾移植等待者名单。

影响肾移植匹配名单排序的主要因素依次为：

1．地理因素　以移植医院内的移植等待者名单作为基本的分配区域进行器官移植等待者的排序与器官的匹配。按照器官捐献者与等待者的相对地理位置，推行各省行政区域内和全国范围内的器官共享。各省成立POPO，利用分配系统负责协调器官的获取与运送，POPO下辖一个或几个OPO，OPO的数量及服务区域由各省级卫生行政部门根据本省（区、市）实际情况确定。

进行器官匹配的最小分配区域为移植医院的移植等待者名单，并按照如下顺序逐级扩大分配区域，直至匹配到合适的等待者。

（1）移植医院分配区域：指移植医院内的移植等待者名单（适用于肾脏捐献者所在的医院具备肾移植资质的情况）。

（2）OPO分配区域：指OPO服务区域内的所有移植医院的移植等待者名单（适用于肾脏捐献者所在的医院不具备肾移植资质

的情况）。

（3）分配区域：指省级行政区域内所有移植医院的移植等待者名单。

（4）全国分配区域：指全国所有移植医院的移植等待者名单。

2．血型匹配　肾移植等待者与器官捐献者ABO血型必须相同或相容，方可进行肾脏的器官匹配。

3．肾移植等待者评分系统　肾移植等待者评分系统用于同一个分配区域内等待者的排序。

该评分系统由等待时间得分、器官捐献者及其直系亲属优先权、等待者致敏度（PRA≥80%）、人类白细胞抗原（human leukocyte antigen，以下简称HLA）配型匹配质量、儿童等待者优先权组成。

（1）等待时间得分：肾移植等待时间得分较高的肾移植等待者优先。

（2）器官捐献者及其直系亲属的优先权：为赞扬器官捐献者为挽救他人生命的奉献精神。尸体器官捐献者的直系亲属或活体器官捐献者如需要接受肾移植手术排序时将获得合理的优先权。

（3）高致敏（PRA≥80%）等待者优先：由于高致敏肾移植等待者在没有优先权的条件下，比其他等待者更难找到合适的肾脏。因此。应当给予这类等待者一定的优先权，使他们有更大的概率接受移植。

（4）与器官捐献者肾脏HLA配型匹配质量较高的肾移植等待者优先。

研究发现肾移植器官捐献者与接受者双方基因水平HLA配型的匹配情况，对肾移植受者术后长期存活具有显著影响。因此，应当给予抗原无错配或HLA配型匹配质量较高的肾移植等待者一定的优先权，以提高肾移植术后生存率。

（5）18岁以下肾移植等待者优先：肾脏疾病和透析治疗

给18岁以下少年儿童正常的生长发育带来了严重的不良影响，应当尽早为18岁以下少年儿童进行根本性的治疗（肾移植手术）。因此，给予18岁以下肾移植等待者优先权。

四、有关名词解释

（一）成人（≥18岁）肝移植等待者超紧急状态

出现以下任何一种情况，如不接受肝移植手术，预期寿命<7天的成人肝移植等待者将被列为超紧急状态。

1．暴发性肝功能衰竭　暴发性肝功能衰竭是指首发肝病症状8周内出现肝性脑病。等待者名单中罹患暴发性肝功能衰竭的成人等待者，除住在重症监护病房（ICU）接受治疗外，还必须至少满足以下3个条件中的任意一项：

（1）呼吸机依赖。

（2）需要接受透析、连续性静脉–静脉血液滤过（CVVH）或连续性静脉–静脉血液透析（CVVD）。

（3）国际标准化比率（INR）>2.0。

2．原发性移植肝无功能　该诊断应当于移植物植入后7天内作出，并至少满足以下两个条件中的任何一项：

（1）天门冬氨酸氨基转移酶（AST）≥50.01×10^3 μmol·S^{-1}/L、国际标准化比率INR≥2.5和/或酸中毒（动脉血pH≤7.30或静脉血pH≤7.255和/或乳酸≥4 mmol/L）。

所有实验室检验值必须来自移植后24 h至7天内所抽取的同一血液样本。

（2）无肝等待者。

3．移植物植入后7天内移植肝动脉血栓形成，且满足上述（1）和（2）两个条件中的任何一项。

4．急性失代偿性肝豆状核变性。

列入超紧急状态的成人肝移植等待者，其主管医师必须在7天内对该等待者的状态进行认证，否则将被降分处理。

（二）18岁以下肝移植等待者超紧急状态

出现以下任何一种情况的18岁以下肝移植等待者，将被列为超紧急状态。

1. 暴发性肝功能衰竭　暴发性肝功能衰竭是指首发肝病症状的8周内出现肝性脑病。等待者名单中罹患暴发性肝功能衰竭的儿童等待者，除正在重症监护病房（ICU）接受治疗外，同时还必须至少满足以下条件中的任意一项：

（1）呼吸机依赖。

（2）需要接受透析、连续性静脉–静脉血液滤过（CVVH）或连续性静脉–静脉血液透析（CVVD）。

（3）国际标准化比率（INR）>2.0。

2. 原发性移植肝无功能　该诊断应当于移植物植入后7天内作出，并至少满足以下条件中任何两项：

（1）丙氨酸氨基转移酶（ALT）$\leqslant 33.34\times10^{3}$ nmol·S^{-1}/L

（2）国际标准化比率（INR）≥2.5；

（3）总胆红素（TBIL）≥171 μmol/L；

（4）酸中毒（动脉血pH≤7.3、静脉血pH≤7.25或乳酸≥4 mmol/L）。

所有实验室检验值必须来自移植后24 h至7天内所抽取的同一血液样本。

3. 肝动脉血栓形成　该诊断应当于移植物植入后14天内作出。

4. 急性失代偿性肝豆状核变性　列入超紧急状态的儿童肝移植等待者，其主管医师必须在7天内对该等待者的状态进行认证，否则将被降分处理。

（三）MELD/PELD评分

MELD/PELD评分是唯一在国际上被广泛接受、能够准确预测终末期肝病患者死亡率的医学指标。采用MELD/PELD评分符合人体器官移植共享与分配的第一目标，即降低移植等待者名单的患者死亡率。

1. MELD评分　MELD评分适用于≥12岁的肝移植等待者。MELD评分客观地预测了肝移植等待者3个月的死亡风险。MELD评分计算公式使用了血清胆红素、肌酐和国际标准化比率（INR）这3个客观的、可重复测量的实验室检验值，并考虑了肝移植等待者是否在肝移植前1周内接受两次或更多次透析治疗，或者肝移肝移植前1周内接受24 h连续静脉-静脉血液透析对实验室检验值的影响。

MELD评分公式为：

MELD评分=0.957×Log$_e$血清肌酐值（mg/dL）+0.378×Log$_e$血清胆红素值（mg/dL）+1.120×Log$_e$国际标准化比率（INR）+0.643。

通过该公式为每位肝移植等待者计算所得的MELD评分将四舍五入至小数点后第十位，再乘以10。MELD评分最高总分值为40分。

MELD评分公式设定最高血清肌酐值为4.0 mg/dL（即肝移植等待者的血清肌酐大于4.0 mg/dL仍设定为4.0 mg/dL）对于移植前1周内接受两次或更多次透析疗法的等待者，或者移前1周内接受24 h连续静脉-静脉血液透析的肝移植等待者，其血清肌酐水平自动设定为4.0 mg/dL。

2. PELD评分　PELD评分适用于12岁以下的肝移植等待者。PELD评分适用于客观地预测儿童肝移植等待者3个月的死亡风险。PELD评分计算公式使用了血清白蛋白、血清总胆红素和国际标准化比率（INR）等客观的实验室检验值和生长发育的指标。

PELD评分公式为：

PELD评分=0.436（年龄＜1岁）−0.687×Log$_e$血清白蛋白（g/dL）+0.480×Log$_e$血清总胆红素值（mg/dL）+1.857×Log$_e$国际标准化比率（INR）+0.667（生长障碍）。

通过该公式为每位12岁以下肝移植等待者计算所得的PELD评分将四舍五入至小数点后第十位，再乘以10。按照PELD评分计算时，实验室检验值小于1.0统一设置为1.0。生长障碍根据年龄和性别进行计算。1岁生日之前列入肝移植等待者名单的等待者，将继续保留年龄小于1岁获得的分值（即0.436）直至该等待者年满24个月。

所有MELD/PELD评分都需要定期进行评分与认证，以确保肝移植等待者拥有一个有效的能正确反映当前病情的状态评分，负责的医师应当及时为等待者更新相关信息。

（四）肝细胞肝癌（HCC）特例评分

MELD/PELD评分系统不能合理地反映早期HCC患者需要接受移植的紧急程度，为弥补这一不足，建立了HCC-MELD协作评分机制，目的是消除核心的排序政策对不同疾病和不同生理病理条件所产生的不公平性。

要求所有申请HCC特例评分的肝移植等待者，必须提供血清甲胎蛋白（AFP）水平的检测报告。

对于影像学结果显示有肿瘤存在的HCC特例评分申请者，必须同时符合以下两点：

1．单发肿瘤直径在2～5 cm，或多发肿瘤不多于3个病灶且最大病灶直径为3 cm。

肿瘤直径必须按照最大直径报告。例如，肿瘤大小为3.9 cm×5.7 cm，必须报告为5.7 cm

2．无肿瘤肝外转移或累计大血管（门静脉或肝静脉）的情况。

评估病情时，应当对申请者的肝脏进行超声检查，对腹部进行CT或MRL扫描以便记录肿瘤的特征，还需对胸部进行CT扫描以排除转移性疾病。

同时符合以上两点的HCC特例评分申请者，将获得MELD评分22分（12岁或以上肝移植等待者）或PELD评分32分（12岁以下肝移植等待者）。

申请HCC特例评分成功的HCC肝移植等待者，每3个月必须进行一次HCC特例评分续期，续期成功后才能继续按照HCC特例进行评分。续期成功的肝移植等待者可以在原有MELD/PELD评分的基础上额外增加10%的MELD/PELD评分，直至这些肝移植等待者接受肝移植手术或移出等待者名单。

续期不成功的HCC患者，将被取消之前所申请的HCC特例评分。

如果同时成功申请MELD/PELD评分和HCC特例评分，将使用状态评分最高的分值作为等待者当前的状态评分。

（五）抗原无错配

抗原无错配是指等待者名单上等待者的ABO血型与器官捐献者的血型相同或相容，且等待者与6个HLA-A、HLA-B和DR抗原均相同的配型。如器官捐献者HLA位点（A、B或DR）为纯合子，接受者相应位点的两个抗原中包含该抗原，则该位点也视为抗原无错配。

卫生部办公厅关于启动心脏死亡捐献器官移植试点工作的通知（卫办医管发〔2011〕62号）

各省、自治区、直辖市卫生厅局，新疆生产建设兵团卫生局：

人体器官捐献试点工作启动一年来，取得了初步成效。为深入贯彻落实《人体器官移植条例》，全面推进人体器官捐献体系建设，进一步调动各地工作积极性，我部在卫生部人体器官移植技术临床应用委员会（以下简称OTC）第八次会议讨论的基础上，决定启动心脏死亡捐献器官移植试点工作。现就有关事项通知如下：

一、试点工作的时间、内容及申请程序

（一）试点时间

2011年5月至2012年5月。

（二）试点内容

符合《卫生部关于印发肝脏、肾脏、心脏、肺脏移植技术管理规范的通知》（卫医发〔2006〕243号，以下简称《移植技术管理规范》）要求的三级甲等医院可以申请开展心脏死亡捐献器官移植试点工作。经省级卫生行政部门审核批准后，试点医院按照中国红十字会总会、卫生部《关于印发人体器官捐献试点工作方案的通知》（红总字〔2010〕13号）等文件要求，参照《卫生部办公厅关于印发卫生部人体器官移植技术临床应用委员会第八次会议纪要的通知》（卫办医管函〔2011〕234号）确定的中国心脏死亡器官捐献分类标准（见附件1），在已有该器官移植诊疗科目的移植医院指导下，开展心脏死亡捐献器官移植试点工作。

（三）申请程序

拟开展心脏死亡捐献器官移植试点工作的医院需在2011年5月30日前向省级卫生行政部门提出试点申请。省级卫生行政部门按照《移植技术管理规范》等文件的要求在2011年6月15日前完成申请医院的审核，并将确定符合试点条件的医院向社会公示两周。对于公示期内无异议的医院，省级卫生行政部门将其列入试点医院名单，按有关规定办理诊疗科目登记，并注明有效期一年。省级卫生行政部门在办理完试点移植诊疗科目登记后的10个工作日内，将试点医院名单和登记的诊疗科目报我部备案。

二、试点工作有关要求

1．各级卫生行政部门要高度重视，加强对辖区内各级各类医疗机构的监管和指导，严格按照有关法律法规和我部要求，积极配合各级红十字会做好人体器官捐献工作。

2．试点医院要成立心脏死亡捐献器官移植工作委员会，负责规范指导本医院开展心脏死亡捐献器官移植工作。试点医院要严格按照登记的诊疗科目依法依规开展心脏死亡捐献器官移植工作，不得超范围开展其他形式和来源的人体器官移植。试点工作结束后，未通过本通知第三条所列移植资质核准的试点医院不得继续开展心脏死亡捐献器官移植工作。

3．试点医院须严格按照《卫生部办公厅关于加强人体器官移植数据网络直报管理的通知》（卫办医管发〔2010〕105号）要求，做好移植数据网络直报工作。

三、移植资质核准事项

1．试点医院在试点期间完成心脏死亡捐献供体例数达到10

例或以上，并完成相关移植手术的，可通过省级卫生行政部门向我部申请，由OTC核定该诊疗科目心脏死亡捐献器官移植资质。

2．原由省级卫生行政部门指定具有移植资质的医院在试点期间完成心脏死亡器官捐献供体例数达到5例或以上的，可通过省级卫生行政部门向我部申请，由OTC核定移植资质。

3．试点结束后两年内，未开展心脏死亡捐献器官移植工作的省级指定和OTC核定移植医院，将被取消相应移植资质。

请将试点工作进展及意见建议及时报送我部。

联系人：卫生部医管司王毅、高新谱

联系电话：010-68792773、68792607

附件：1．中国心脏死亡器官捐献分类标准

2．国际DCD分类简介

二〇一一年四月二十六日

（信息公开形式：主动公开）

附件1　中国心脏死亡器官捐献分类标准

依据前期探索经验并参照国际分类（见附件2），将我国现阶段公民逝世后心脏死亡器官捐献分为3大类：

1．中国一类（C-Ⅰ）　国际标准化脑死亡器官捐献（DBD），即脑死亡案例，经过严格医学检查后，各项指标符合脑死亡国际现行标准和国内最新脑死亡标准［中国脑血管病杂志，2009，6（4）］，由通过卫生部委托机构培训认证的脑死亡专家明确判定为脑死亡；家属完全理解并选择按脑死亡标准停止治疗、捐献器官；同时获得案例所在医院和相关领导部门的同意和支持。

2．中国二类（C-Ⅱ）　国际标准化心脏死亡器官捐献（DCD），即包括Maastricht标准分类中的M-Ⅰ至M-Ⅴ案例，其中M-Ⅰ、M-Ⅱ、M-Ⅳ、M-Ⅴ几乎没有争议，但成功概率较小，其器官对医疗技术、组织结构及运作效率的依赖性极强。M-Ⅲ所面临的主要问题是关于“抢救与放弃”之间的医学及伦理学争论，需要用具有法律效力的、权威性的医学标准、共识或指南来保证其规范化实施。

3．中国三类（C-Ⅲ）：中国过渡时期脑-心双死亡标准器官捐献（donation after brain death plus cardiac death, DBCD），即虽已完全符合DBD标准，但鉴于对脑死亡法律支持框架缺位，现依严格程序按DCD实施，这样做实际上是将C-Ⅰ案例按C-Ⅱ处理，既类似M-Ⅳ，又不同于M-Ⅳ（M-Ⅳ为非计划性、非预见性脑死亡后心脏停搏）。

附件2　国际DCD分类简介

按照1955年和2003年修订的Maastricht标准，DCD分为5大类：

1．M-Ⅰ　入院前已经宣告死亡，但时间不超过45 min。

2．M-Ⅱ　于医院外发生心脏停搏，急诊入院后经心肺复苏10 min无效，宣告死亡。

3．M-Ⅲ　受到严重的不可救治性损伤，通常为毁灭性脑外伤，但还没有完全达到或完全满足脑死亡的全套医学标准；同时生前有意愿捐献器官，经家属主动要求或同意，在ICU中有计划地撤除生命支持和治疗，主要手段为终止呼吸机人工通气给氧，使心脏缺氧而停搏及残余脑细胞彻底失活，等待死亡的发生。

4．M-Ⅳ　脑死亡判定成立后、器官捐献手术之前所发生的非计划性、非预见性心脏停搏。

5．M-Ⅴ　住院患者的心脏停搏（2003年新增标准）。主要为ICU中抢救过程中发生的非计划性、非预见性心脏停搏。

关于将江苏等三省人体器官捐献试点工作扩大至全省的批复（中红字〔2011〕45号）

江苏、福建、湖北省红十字会、湖北省卫生厅及各有关单位：

你会（厅）申请将人体器官捐献试点工作扩大至全省的请示收悉。经中国红十字会总会、卫生部研究决定，同意在你省全省开展人体器官捐献试点工作。请按《中国人体器官捐献试点工作方案》（红总字〔2010〕13号）、《关于进一步推动人体器官捐献试点工作的通知》（中红字〔2011〕5号）等文件的要求并结合实际，制定实施细则，积极稳妥地推进人体器官捐献试点工作。

特此批复。

二〇一一年七月七日

关于将内蒙古等五省区纳入人体器官捐献工作试点的批复（中红字〔2011〕46号）

内蒙古、吉林、河南、广西、陕西省（区）红十字会和卫生厅及各有关单位：

你会（厅）申请纳入人体器官捐献工作试点的请示收悉。经中国红十字会总会、卫生部研究决定，同意将你省列入开展中国人体器官捐献工作试点省（区）。请按《中国人体器官捐献试点工作方案》（红总字〔2010〕13号）、《关于进一步推动人体器官捐献试点工作的通知》（中红字〔2011〕5号）等文件的要求并结合实际，制定实施细则，积极稳妥地推进人体器官捐献试点工作。

特此批复。

二〇一一年七月七日